MAX THÉON

La Doctrine Spirite

ET

L'ŒUVRE D'ALLAN KARDEC

Etude critique du Spiritisme

2· ÉDITION

Prix : 50 centimes.

PARIS
LIBRAIRIE DU MAGNÉTISME
H. DURVILLE, ÉDITEUR
23, Rue Saint-Merri, 23

A MONSIEUR MAX THÉON.

Cher collaborateur et ami,

Vous avez bien voulu donner la primeur de votre étude : « **La Doctrine Spirite et l'Œuvre d'Allan Kardec** » au *Journal du Magnétisme et de la Psychologie*. Je vous remercie tant en mon nom qu'au nom des libres intelligences qui, quoique peu nombreuses, sont encore, Dieu merci, fortes et vivaces dans notre France.

Vous ne vous bornez pas à une critique à la fois philosophique, scientifique et satirique d'une doctrine qui a réuni tant d'adeptes ; votre logique impitoyable ne se contente pas de renverser un édifice où sont entrés peu à peu, et sans trop savoir ce qu'ils faisaient, de pauvres humains, las, inquiets, assoiffés de mystère, aspirant à des destinées que la science ou les religions leur paraissaient impuissantes à réaliser ; vous montrez, en face des ruines que vous avez faites, le port de salut, le refuge où, désabusés enfin, les hommes trouveront la vraie vie avec la vraie connaissance.

Le Spiritisme, il faut le reconnaître, et les hommes libres le reconnaîtront bien plus après la lecture des pages que vous lui consacrez, est l'erreur la plus colossale et la plus dangereuse du siècle. Il a fait et il fait tous les jours d'innombrables victimes : il est temps d'enrayer sa marche.

Et cependant, il a eu et il a toujours des apôtres et des adeptes convaincus, sincères, loyaux et intelligents. Hélas ! Les théories des quatre éléments, de l'immobilité de la terre, des astres fixes et des astres errants, etc., etc., n'ont-elles pas eu leurs partisans convaincus, sincères, intelligents ?

Mais il suffit à un chercheur qui, comme vous, a consacré, dans le silence et en toute indépendance, trente années de labeur acharné à l'élucidation des problèmes psychologiques qui aujourd'hui passionnent les esprits, de montrer au monde scientifique libéral les résultats de ses recherches et de ses études approfondies, pour que l'élite des penseurs, sans parti-pris, sans idée préconçue, je ne dirai pas accepte, sans plus ample informé, mais examine librement, courageusement les solutions que vous proposez.

Pour ma part, s'il m'est permis de me mettre en scène, je n'ai aucune honte à avouer que, tout en condamnant les pratiques médianimiques dans leur ensemble (je ne parle pas des expériences faites dans un but scientifique), je partageais, jusqu'à ces derniers temps, quelques-unes des idées ou théories émises par les sommités du Spiritisme. Faut-il en conclure que tout est à rejeter, qu'il n'y a pas un peu de bon grain parmi toute cette ivraie ? Non, évidemment. Il y a dans cet amas de pensées sans ordre et d'idées confuses un fait à retenir : c'est que l'homme a réellement des destinées que la mort ne brise pas. Il s'agit simplement de savoir les démêler et les préciser.

C'est ce que vous avez fait ; mais vous avez fait plus encore : vous avez montré les obstacles, les embûches, les pièges cachés contre lesquels, depuis l'époque adamique, l'homme, enfant de Dieu, du Dieu universel et cosmique, est venu se briser ; mieux encore :

vous lui avez offert l'armure qui le garantira des chocs et remis entre ses mains l'arme avec laquelle il vaincra son plus terrible ennemi : la mort.

L'Occultisme (restitué) est une science et un art; mais, comme vous le dites, c'est une science et un art réservés au petit nombre, à ceux qui *sont appelés*, comme le sacerdoce antique était réservé aux vrais initiés, aux forts, à ceux, en un mot, qui avaient fait leurs preuves. Est-ce à dire que le vrai Occultisme, que se disputent tant d'écoles, soit à l'abri de toute profanation et que tout ce qui a été écrit. dit ou fait, sous le couvert de l'Occultisme, ait une valeur égale? Hélas, non. C'est pourquoi nous constatons tous les jours que cette science et cet art, divins dans leur origine, à force de vulgarisation, deviennent de la fantasmagorie et du cabotinage. C'est ainsi que l'Occultisme devient le Spiritisme, l'opéra l'opérabouffe, la tragédie le vaudeville. C'est la parodie inévitable, quand la foule se rue. Et les vrais savants, les intellectuels dignes de ce nom, qui ne reculent devant aucun problème, en présence d'un pareil débordement de sottises, d'extravagances et de folies, s'enfuient, fuient encore, fuient toujours. Et cependant, je tiens à le constater, il y a parmi les Spirites des hommes de science, de vrais chercheurs ; mais, eux aussi, ont été débordés par cette masse populaire, aux instincts puissants et désordonnés. qui n'a vu et n'a pris dans les enseignements et les pratiques spirites que le côté troublant, drôlatique ou mystique, mais déprimant et nuisible. Et ils ont été entraînés, perdus .., ils ne sont plus des chefs, mais des esclaves à qui la foule grossissante de nande sa pâture habituelle.

Je ne parle pas des libres chercheurs en psychisme qui n'ont jamais fait acte de foi à la doctrine spirite. Ceux-ci se sont bornés à constater les phénomènes, à en chercher l'explication. Ces chercheurs indépendants liront avec fruit les pages que vous leur avez consacrées, car c'est pour eux et pour eux seuls évidemment que vous avez écrit. Quant aux autres, qui sait, peut-être, à l'exemple de Saint Paul, trouveront-ils leur chemin de Damas.

Je le souhaite, comme je souhaite, cher collaborateur et ami, que le Divin Formateur bénisse vos travaux.

ALBAN DUBET.

LA DOCTRINE SPIRITE ET L'ŒUVRE D'ALLAN KARDEC

Réponse au programme-circulaire des Spirites pour le Congrès de 1900

Prolégomènes

Notre étude « L'ORIGINE COSMIQUE » (1), vieux morceau du répertoire des harpes intellectuelles qui sont, hélas, pour la plupart, rentrées dans le silence, montre l'homme dans les premiers temps de sa formation, semblable à son Formateur, tel qu'il fut universellement connu des chefs des Hiérarchies. A mesure que la vérité devint de plus en plus voilée, parce que les hommes capables de la recevoir se firent de plus en plus rares et parce que les descendants de l'homme psycho-intellectuel, à cause de leur origine même cherchaient à pénétrer tous les secrets et tous les mystères, les traditions et les légendes flottaient autour de la Lumière sacrée, comme les nuages et les brouillards autour du soleil et ainsi graduellement l'allégorie voila les purs rayons de la science, qui était si belle dans sa simplicité. A mesure que la Cabale authentique de l'origine de l'homme et des moindres formations était défigurée ou perdue, la tradition, l'allégorie, les légendes, les mystifications et les mythes s'accroissaient et se multipliaient à tel point que cette parole *« Ecoutez, o vous les Elus, le Seigneur, votre formateur, est un seul Dieu »* fut étouffée par le bruit des dieux, demi-dieux, héros et autres représentations symboliques des forces de la nature, pour lesquelles leurs adeptes dont quelques-uns furent assez souvent les créateurs, réclamaient l'hommage universel ou partiel, l'obédience et la vénération.

Ainsi, la tradition ou l'histoire légendaire racontent les merveilles accomplies en Chine pour les Chinois, par Fohi, moitié homme, moitié serpent, qui comme les Chinois eux-mêmes, fut d'une grande habileté dans tous les arts pratiques dont il fut l'inventeur, comme il fut le fondateur de l'Empire et le dispensateur de tous les dieux.

Les Indiens ont dans des temps plus récents, leur Bouddha, Vishnou et Foe, dont le dernier est probablement pris du Fohi de la Chine.

Les Chaldéens ont leur Oannes, les Egyptiens leur Thyotti, les Phéniciens leur Melicerles, les Grecs leurs Titans, les Scandinaves leur Odin, etc., et tous ces dieux et héros furent les amis de l'homme. Oannes, le dieu semblable au poisson, qui, le jour, enseignait aux Chaldéens les lettres, les arts et les sciences et la nuit plon-

geait dans la mer pour s'y reposer et reprendre des forces, fut un des plus sages amis de l'homme, car personne ne peut étudier l'histoire de l'homme et des nations et douter de cette antique vérité : « L'obscurité fut et la lumière fut » ou « une des capacités spéciales de l'intelligence est de connaitre les temps et les saisons. »

Et toujours, dans le temps, malgré la nuit noire dans laquelle les faux dieux et les hommes faux, faibles, trompés ou présomptueux ont enseveli la terre, au-dessus du chaos psychique plane l'éternel Fondateur, le divin Formateur de l'homme d'après sa propre ressemblance et dans tous ses états d'être, voulant la lumière, c'est-à-dire l'intelligence. Et le moment est venu, où la lumière commence à apparaitre, où l'homme va enfin retrouver son héritage perdu, la sphère matérielle, son droit perdu, l'immortalité du corps.

Absolument libre, n'appartenant à aucune société, ne désirant pas d'adeptes, indépendant de toute nationalité, de toute croyance, sans préjugé, ni parti-pris, tout ce que nous écrivons n'a qu'un seul but, la vérité, et qu'un seul objet, la restitution de l'homme psycho-intellectuel.

Laissant de côté pour le moment l'étude des traditions, des histoires et des cultes des autres nations, nous nous attacherons à celle qui intéresse particulièrement les nations européennes et le vaste continent de l'Occident, c'est-à-dire à l'hébraïsme dont le christianisme prétend, selon ses adeptes, être le développement et l'accomplissement, au culte chrétien dont le spiritisme serait encore le développement, selon les adeptes d'Allan Kardec, leur archiprêtre, et leurs médiums variés:

A l'égard de la tradition, de l'histoire et des cultes chaldéens, égyptiens, hébraïques, ce qui reste des sciences psychiques et physiques du passé lointain a été transmis des uns aux autres verbalement, et par conséquent pour tous c'est une science vraiment occulte. — Quant aux anciennes archives, depuis l'époque de Salomon le Royal, chercheur psychique et matérialiste, libre, elles devinrent de plus en plus incompréhensibles aux Hiérarchies qui seules en avaient l'accès, d'abord à cause de l'usage autorisé et universel de l'écriture aux lettres carrées, ce qui amena graduellement l'oubli de l'ancien texte, et ensuite parce que les anciens textes eux-mêmes ainsi que

(1) Voir le numéro du 5 septembre du *Journal du Magnétisme et de la Psychologie.*

quelques exemplaires en lettres carrées ont péri dans les flammes, lors de la prise de Jérusalem par Titus. Les livres actuels de la bible, les Rois et les Prophètes, furent pour la plupart l'œuvre du prêtre captif Esra, qui les écrivit de mémoire, mais non dans le repos de la contemplation et cela avec une précipitation, une hâte fiévreuse de terminer un travail qu'il s'était imposé lui-même et qu'il accomplissait avec l'aide de toute espèce de scribes qu'il enfermait jusqu'à ce que la tâche fut terminée, ce qui fut fait en quarante jours.

A part cela, les traductions européennes sont absolument imparfaites à cause de la connaissance plus ou moins imparfaite du traducteur à l'égard des langues asiatiques, de leur lettre et surtout de leur esprit. Ainsi, ce qui n'est que la clef d'un mystère, le signe ou le symbole d'une vérité est interprété selon l'imagination du traducteur qui ne sait pas, à peu d'exceptions près, et ne peut pas savoir la signification du signe ou du symbole; il se trouve dans la nécessité d'écrire quoi que ce soit pour combler les vides ou les lacunes qui existeraient forcément dans sa traduction. Un exemple. Supposons pour l'instant que notre époque a disparu depuis des siècles et des siècles, que les notations actuelles de la chimie, de la physique ou de l'algèbre sont tombées dans l'oubli, que les langues mêmes dans lesquelles sont écrits les ouvrages ont disparu, qu'un traducteur rencontre plusieurs fois le signe O. Ce signe peut dans certains cas signifier l'oxygène, comme partie constituante de l'eau, dans d'autres cas, *zéro* ou le degré de congélation de l'eau; cet O peut être encore un simple cercle, un signe de sphéricité; et selon l'imagination du traducteur, il peut être interprété à la fois comme partie constituante de l'eau, comme degré de congélation, comme matérialité moléculaire, ou enfin comme le symbole de ce qui n'a pas de fin, l'Eternité.

Ainsi que nous le disions dans un article précédent, le commencement du Braishetti consiste en des tables de matières plus ou moins complètes d'ouvrages variés, psycho-cosmiques, qui ont péri dans les flammes à Jérusalem. Néanmoins, ce qui reste est d'une valeur inestimable, hors de prix, pour le chercheur en matérialité et en psychisme, car la vraie compréhension de ce peu fait retrouver le lien qui existe entre le présent et le passé. Nous nous servons des mots *hors de prix* à dessein, parce que tous les hommes psycho-intellectuels qui ont la détermination inébranlable d'escalader coûte que coûte les degrés qui conduisent au Temple de la Raison où brûle la lumière éternelle de la vérité, sont unis par la même origine et le même but; et la cause pour laquelle ils luttent est mieux servie par ceux qui écartent la fausseté et la division ainsi que les fauteurs de discorde. Car tout ce qui divise est mensonge, la vérité étant une. Mais le temps et l'espace ne nous permettent pas de nous étendre sur ce sujet pour le moment. Nous voulons seulement étudier les formes cultuelles ou la connexion entre les Dieux et les hommes, et plus spécialement la dernière manifestation pour la régénération de l'homme : le spiritisme, ou la philosophie et religion des spirites.

Avant de continuer, nous tenons à déclarer qu'en cette matière nous n'avons aucune préférence personnelle. Citoyen de l'univers, nous honorons la vérité partout où elle se trouve, et la raison, forte et saine, est le moyen sûr de la reconnaître.

Il est tout à fait superflu de s'attarder aux appellations données aux dieux, esprits ou hommes par les cultes anciens, comme il est superflu de d'examiner les qualités et capacités que s'attribuent ces dieux, esprits, hommes ou que les adeptes leur attribuent. L'essentiel est ceci : sont-ils vrais ou faux dieux, demi-dieux, esprits ou hommes ?

Peut-on prouver ou même est-il permis d'admettre logiquement ce qu'ils font connaître ?

Le but de leur manifestation est-il pour ou contre l'homme ?

Autrement dit, les dieux, demi-dieux, esprits et hommes sont-ils d'accord et par suite uns avec l'attribut du Cosmique cause sans cause qui formait l'homme à sa propre ressemblance, et qui formait, par l'intermédiaire de l'homme, tout ce qui fut formé dans la suite, qui donnait à l'homme la domination sur tout ce qui l'entourait ? Ou au contraire sont-ils les ennemis de l'homme et par conséquent les ennemis de son divin Formateur ?

Sont-ils les chefs et les pionniers de l'immortalité de l'homme dans tous ses états d'être, ou sont-ils au contraire des obstacles à cette immortalité ?

Aident-ils l'homme à atteindre sa pleine et entière domination sur les états matériels en favorisant le développement de ses facultés, en lui révélant des vérités capables de l'initier à l'étude sublime de la nature et de ses lois ?

Ou au contraire enchaînent-ils son intelligence, aveuglent-ils sa raison, en lui révélant des choses d'une absurdité telle qu'il est défendu même d'en raisonner ?

Telles sont les questions à résoudre. Il n'est pas difficile de mettre à l'épreuve les dieux, demi-dieux et esprits pour découvrir s'ils sont vrais ou faux, car la vérité est simple, et la voie qui y conduit est celle de la science et de la raison. La fausseté au contraire est complexe, et la seule porte de son labyrinthe s'appelle la croyance ou la foi. La croyance ne conduit jamais au progrès et à la vérité; les mots mêmes « je crois » impliquent « je ne sais pas » et il certain que la science et la raison ne conduisent jamais à la fausseté et à l'erreur, et par suite à la régression et à la dégénérescence, étant par elles-mêmes des indications de vigueur et de croissance : « *Je crois* » est le mot d'ordre des rétrogrades. « *Je raisonne, je sais et je cherche* » est le mot d'ordre des progressistes.

Originairement, il y avait quatre récits de la formation des degrés de l'état le plus matériel, c'est-à-dire *l'alipha, l'arcana, l'avasha, l'adamic.* Or, la forme dans laquelle l'homme fut matérialisé, la forme d'après la ressemblance du Formateur, quand il façonnait l'état le plus grossier de la matérialité, était indivisée, parfaite en soi.

Dans le 27e verset du premier chapitre de la Genèse, version européenne du Braisheth, et dans le commencement du livre de l'Avasha, il est dit : « il les faisait mâle et femelle. » Par dessus les luttes furieuses, les catastrophes terribles, l'œuvre de destruction qui s'accomplissait entre l'homme et les dieux, ses ennemis, le temps a jeté un voile dont peu de personnes peuvent à peine soulever un coin, mais il y a un fait certain, c'est que dans cette nouvelle formation de l'homme, similitude d'Elohim, l'être parfait en soi fut divisé, et le type original fut non pas détruit (puisqu'il s'est reproduit de temps en temps), mais virtuellement remplacé.

Du livre d'Arcana, dont le contenu est en partie le récit des combats des anges, aucune mention n'est faite dans la table des matières, quoiqu'on y fasse allusion dans certaines parties des archives hébraïques comme, par exemple, le combat de Michel et de ses anges contre le diable et ses anges où l'on voyait Satan tomber foudroyé. Les anges qui ne conservèrent pas leur état élevé furent liés dans les ténèbres inférieures, c'est-à-dire la matérialité grossière, non intellectualisée. — Es-tu déchu, Lucifer, l'étoile du matin ?

.·.

Maintenant, nous arrivons à l'époque adamique tellement connue qu'il est inutile d'en faire le récit. Ici nous trouvons l'état de l'homme et l'ordre des formations inférieures entièrement changés (verset 9).

La terre naturellement est déjà formée et un brouillard la couvre encore. Toutes les formations inférieures sont opérées non par l'homme ou par son intermédiaire, mais existent déjà avant lui.

L'homme n'est pas formé à la similitude d'Elohim, mais il est formé de la poussière, des débris de la terre (verset 7.)

L'homme n'est pas formé parfait en soi, le mâle et la femelle ne sont pas formés ensemble (v. 10), ainsi qu'il le fut dans la première et deuxième formation terrestre, mais séparément (v. 27).

Adam n'est pas formé pour avoir la domination sur toute la matérialité dans les états et degrés où il est enveloppé, mais pour être un travailleur et cela seulement dans un jardin de l'Orient. Il n'y avait pas d'homme pour cultiver la terre et l'homme fut placé dans le jardin de l'Orient, que Dieu avait préparé, pour le tenir en bon état.

Toutes les formations (peut-être les mammifères et les oiseaux) sont amenées par Dieu devant Adam pour qu'il leur donne un nom (v. 20) et apparemment c'était dans l'espoir qu'étant dégradé et isolé il choisît un être passif parmi les formations autres que l'homme et pût ainsi confondre et dégrader sa race encore davantage. Cette tentative ayant échoué, le Dieu dit à ses semblables : « Il n'est pas bon que l'homme soit seul, faisons lui une compagne convenable. » (v. 20). Et comment fait-on cette compagne ? En entrançant l'homme et en divisant de nouveau son être pendant son sommeil, et cela non seulement dans l'état du corps, mais encore dans l'état de l'âme tout au moins, car nous lisons qu'aussitôt que l'homme fut nouvellement matérialisé, il devint une âme vivante, et puisque la femme tirée de l'homme vivait en lui, étant une partie de lui-même, nécessairement elle devait être aussi une âme vivante.

Nous avons rapidement passé en revue le récit de la formation adamique, afin de montrer que cette formation ne fut pas d'Elohim, mais d'un Dieu ou de Dieux ennemis. Que le lecteur psycho-intellectuel contemplatif pèse ces considérations sans opinion préconçue, qu'il lise le récit déformé et imparfait, mais malgré tout intéressant de la formation adamique et la table des matières de la formation d'Elohim, comme s'il faisait cette lecture pour la première fois, et qu'il juge selon la lumière de sa raison. Qu'il considère sans parti-pris le caractère de ce Dieu adamique, qu'il le compare avec celui d'Elohim, l'attribut de la justice, de la Cause sans cause. Ce Dieu forme l'homme de la poussière pour être un travailleur de son jardin ; il a comme une arrière-pensée après avoir formé toutes les créatures inférieures, de même qu'il a une arrière-pensée dans la formation de la femme. Il lui présente les formations animales, en le tentant, et ce n'est que sur le refus d'Adam de prendre une compagne parmi elles, que son être est séparé et qu'une compagne semblable à lui-même lui est donnée. Ce Dieu qui a lui-même planté le jardin de l'Orient longtemps avant la formation d'Adam place au milieu deux espèces d'aliments, l'une pour la vitalité (l'arbre de la vie) l'autre pour l'intelligence, la connaissance de tout ce qui est connaissable.

Sachant l'origine de l'homme et son droit perpétuel à l'immortalité et à la connaissance, il lui dit que les arbres de la connaissance et de la vie sont au milieu du jardin, qu'il doit les cultiver et bien entretenir pour son maître, mais que, sous peine de mort, il lui défend de toucher à l'un ou à l'autre. « Le jour où vous mangerez de ce qui vous donnerait la connaissance de tout ce qui est connaissable, vous mourrez infailliblement. »

Ainsi, premièrement, le maître torture son serviteur physiquement en lui montrant toutes les formations inférieures heureuses à cause de leur dualité, lui seul étant délaissé, isolé.

Deuxièmement, il le torture intellectuellement et animiquement, en lui disant que tout ce qu'il désire posséder, c'est-à-dire la connaissance et l'immortalité, lui est d'un facile accès dans le jardin même qui lui est confié, mais que, s'il essaie de prendre ce qui est de droit le sien, il subira immédiatement la transition.

La femme est à son tour informée des trésors du jardin auxquels ils ne doivent pas toucher par un être plus subtil ou trompeur qu'aucun autre que le Seigneur ait fait (Genèse 3, v. 1); il lui dit que si elle mange de ce fruit, elle et Adam deviendront comme des Dieux, sachant tout ce qui est connaissable, et qu'ils deviendront immortels (1). Eve dérobe et offre à Adam la connaissance défendue par Dieu et tous les Cultes, comme Prométhée dérobait le feu du ciel au profit de l'homme, comme Brahma et Vishou barattaient l'Océan de la même façon qu'on baratte le lait, pour retrouver la perle sans prix de l'immortalité; ainsi Adam prenait connaissance de tout ce qui est connaissable. Et de même que Zeus précipitait Prométhée et le torturait, de même ce Dieu précipitait l'homme et la femme, maudissant l'homme dans son intelligence, la femme dans tout ce qui est tout pour elle, son amour et sa maternité. Quant au serpent, il devait ramper sur son ventre et manger de la poussière.

Le Dieu en colère prononçait contre l'homme et ses descendants cette sentence : « Tu es de la poussière et tu retourneras à la poussière. » Et rejettant l'homme et la femme qu'il condamne à la douleur et à la mort, il place des êtres tenant des épées flamboyantes à la porte du jardin pour les empêcher de rentrer et gagner ainsi l'immortalité. Il avait peur. « Tenez, disait-il à ses semblables, ils sont devenus comme nous-mêmes, sachant tout ce qui est connaissable, et à présent qu'adviendra-t-il, s'ils ont l'immortalité et vivent éternellement ? » — Autrement dit : « que deviendrons-nous, nous les Dieux ennemis, les tentateurs qui maudissent, les Dieux de la poussière et de la mort, si l'homme réclame l'héritage et les attributs dont nous l'avons dépouillé ? »

.·.

Nous avons écrit ces choses simplement pour démontrer que dans les récits fragmentaires des Chaldéens, Egyptiens, Hébreux, ainsi que d'autres peuples anciens, il y est fait mention de

_____

(1) C'était une ancienne croyance que Dieu lui-même prenait la forme de l'être subtil et prévoyant, c'est ainsi que Dieu lui-même tentait la femme.

Dieux ennemis de l'homme et de son Formateur, l'unique Dieu qui est originairement un dans l'humanité-une; et nous écrivons cela non pour le vain plaisir d'argumenter, mais parce que c'est une vérité dont la connaissance et l'application pratique sont nécessaires pour l'accomplissement du seul but digne des luttes des athlètes psycho-intellectuels, c'est-à-dire la restitution de l'homme et la récupération de son immortalité sur terre.

Quant au jeune fondateur sémitique du Christianisme et son œuvre, quant au culte établi par ses disciples, nous n'en dirons rien, appelant seulement l'attention de nos lecteurs sur ce fait : tandis qu'avant les époques de l'Avent, les demi-dieux, les héros et les hommes, depuis les bâtisseurs de la tour de Babel et leurs semblables jusqu'aux Titans, etc. avaient, quoi qu'ils eussent à subir la transition, toujours lutté de tout leur pouvoir pour regagner ce qui leur avait été dérobé, après la fondation du culte chrétien, les hommes se sont contentés de suivre le nouvel enseignement et d'échanger l'héritage de la terre pour l'héritage du Ciel, en d'autres termes, de mourir pour atteindre la plénitude de la vie, — et cependant cet abandon ne devait durer qu'un temps, la promesse d'immortalité pour l'avenir leur ayant été faite.

Avant la venue du Dieu-Homme, ainsi que pendant sa vie et immédiatement après sa mort, l'immortalité sur la terre et la restitution de l'homme à son royaume matériel furent toujours poursuivies ardemment. Cet espoir n'a pas été détruit, mais la réalisation différée à un temps plus ou moins éloigné où le corps devra partager l'immortalité de l'esprit, de l'âme et de l'état intermédiaire entre l'âme et le corps.

Le combat continuel et acharné contre la mort ne fut plus comme dans le passé; mais la résurrection du corps de ceux qui ont subi la transition et son immortalité, la transformation du corps des vivants pour rendre le corps immortel furent et sont encore une partie importante de la croyance et des dogmes chrétiens. « Je crois à la résurrection du corps » est l'un des dogmes du soi-disant symbole des apôtres; le corps de chaque adepte chrétien est enterré, il est vrai, c'est-à-dire rendu à la terre, mais avec l'espérance certaine d'une résurrection glorieuse.

Paul de Tarse, l'élève de Gamaliel, après avoir entendu la voix du Ciel et après avoir été renversé et aveuglé en se rendant à Damas dans le but de livrer les adeptes de la nouvelle secte aux autorités, Paul de Tarse devint un chrétien zélé; il dit: « Nous ne dormirons pas tous, mais tous nous serons transformés. »

Or, ce dogme de la Résurrection et par conséquent la victoire du corps, cet enterrement de l'enveloppe corporelle dans l'espoir sûr et certain d'une résurrection, cette assertion éloquente et logique de Paul de Tarse témoignent de l'*importance immense* attribuée par le culte chrétien à la perfection dans l'avenir de tous les états d'être de ses adeptes par la restauration ou la conservation du corps.

..

Considérons maintenant la *manifestation* la plus récente pour la *régénération de l'humanité*, c'est-à-dire le spiritisme selon l'enseignement des Esprits supérieurs aidés par des médiums divers.

Une revue de l'évangile, de la philosophie et de la pratique des spirites, instaurés et commentés par l'homme dénommé avec raison l'archi-prêtre du spiritisme, Allan Kardec, est essentielle pour la compréhension du spiritisme dans toutes ses phases, alors surtout que les spirites, dans leur programme circulaire du Congrès de 1900, émettent la proposition suivante :

« La doctrine spirite, telle qu'Allan Kardec l'a « formulée, est l'expression la plus complète de « nos connaissances sur le monde invisible. Depuis « trente années qu'elle est soumise au contrôle « universel, pas un de ses points fondamentaux « n'a été atteint. L'édifice reste aussi inébranlable « qu'au jour de son édification. Le comité croit « devoir adopter ces vues générales, non parce « que c'est Allan Kardec qui les a exposées, non « comme un credo immuable, mais parce qu'elles « répondent actuellement à toutes les aspirations « de la conscience, aux exigences de la raison et « qu'elles sont éminemment scientifiques et pro- « gressives. »

Nous allons examiner cette doctrine spirite dont « pendant trente ans pas un de ses points fondamentaux n'a été atteint », cette doctrine dont l'édifice reste aussi inébranlable qu'au premier jour, cette doctrine qui répond actuellement à toutes les aspirations de la conscience, aux exigences de la raison, cette doctrine qui est éminemment scientifique et progressive.

Dans ce but, considérons les Esprits et leur enseignement. Sont-ils vrais ou faux?

Peut-on prouver, même par hypothèse, logiquement et scientifiquement ce que les Esprits enseignent?

Les Esprits sont-ils les amis de l'homme et de l'attribut du Cosmique Cause sans cause qui l'a formé et par son intermédiaire tous les autres êtres, ou sont-ils des Esprits malfaisants?

Quel effet aurait l'universalité du spiritisme sur l'homme et sur la terre qui lui appartient?

Voyons quels sont les Esprits supérieurs et l'enseignement qu'ils ont donné à l'aide des médiums.

Les *Prolégomènes* du *Livre des Esprits* sont précédés d'une branche de vigne avec ses vrilles, ses feuilles et ses fruits et suivis des signatures de Saint-Jean l'Evangéliste, Saint-Augustin, Saint-Vincent de Paul, Saint-Louis, L'Esprit de Vérité, Socrate, Platon, Fénelon, Franklin, Swedenborg etc., etc.

Ces prolégomènes peuvent être divisés en deux parties : la première écrite par Allan Kardec, la seconde par les Esprits supérieurs qui s'annoncent par les noms ci-dessus. La première partie commence ainsi : des phénomènes qui sortent des lois de la science vulgaire se manifestent de toutes parts et révèlent dans leur cause l'action d'une volonté libre et intelligente. La raison dit qu'un effet intelligent doit avoir pour cause une puissance intelligente, et les faits prouvent que cette puissance peut entrer en communication avec les hommes par des signes matériels. Cette puissance, interrogée sur sa nature, a déclaré appartenir au monde des êtres spirituels qui ont dépouillé l'enveloppe corporelle de l'homme. *C'est ainsi que fut révélée la doctrine des Esprits !*

Quelle base pour fonder une religion, une philosophie ! Quelle base pour ériger un édifice qui devra dans le temps réunir tous les hommes ! Quelle *substitution* pour la régénération de l'humanité, mission confiée par Dieu à la *Force* et à *ses agents*, ainsi qu'ils le disent dans leur proclamation d'une ère nouvelle!

Considérons l'avent du spiritisme.

Deux jeunes filles en Amérique se révèlent médiums par des manifestations physiques; des coups frappés et des bruits d'espèces différentes sont entendus, des objets sont déplacés ; ni les bruits ni les mouvements ne sont produits par des causes visibles. Cette circonstance attire naturellement l'attention des curieux. On s'aperçoit qu'en formant un cercle autour d'une table ou autre meuble, les bruits et mouvements s'accentuent ; les jeunes médiums et les assistants s'assoient autour d'une table, d'autres personnes, entendant parler de ces phénomènes en font autant. La réunion de divers médiums et d'autres personnes qui recherchent ces phénomènes donne lieu à des manifestations intelligentes, et la table frappe des coups en réponse aux questions. Ce procédé de communication par la répétition des lettres de l'alphabet pour obtenir des phrases leur paraissant lent et ennuyeux, les médiums et les assistants ont recours à la planchette; enfin ils essaient d'obtenir des communications directes par la main du médium écrivant et ils réussissent. Puis des médiums sont rencontrés qui entendent, voient, parlent ou plutôt qui servent de truchement à la cause intelligente qui entend, voit et parle par leurs organes. Cette cause interrogée déclare qu'elle appartient au monde de ceux qui ont vécu sur la terre.

Cette théorie de la communication avec les êtres disparus une fois reçue, des mille et mille individus se groupent autour du nouvel étendard, avides de voir ou d'entendre quelque ami ou quelque parent décédé, soit directement, soit par le moyen du médium, et c'est ainsi que le spiritisme gagne du terrain rapidement tant dans le continent où il a pris naissance qu'en Europe. En attendant, beaucoup d'autres, c'est le plus grand nombre, rejettent la nouvelle philosophie d'Allan Kardec, mais personne ou bien peu font des recherches à l'égard des spirites, de leur doctrine et de ses conséquences, et cela posément et sérieusement. Bien peu aussi se sont décidés à « *éprouver les Esprits* » et bien peu se sont mis en peine de savoir s'ils viennent de Dieu ou, pour nous exprimer autrement, s'ils sont vrais ou faux, s'ils appartiennent ou non au monde des êtres qui ont vécu et sont morts sur notre terre, qui ont été des hommes comme nous. Cette assertion est acceptée par les adeptes du spiritisme comme la partie essentielle de l'évangile spirite, et les enseignements des Esprits supérieurs; ainsi qu'ils se déclarent par la bouche des médiums, sont acceptés comme des vérités irréfutables.

Ceci exposé, nous allons essayer de mettre à l'épreuve la force de l'édifice qui est aussi inébranlable aujourd'hui qu'il était il y a trente ans et examiner la doctrine des Esprits dont pas une seule vérité fondamentale n'a été attaquée.

Continuons l'étude des prolégomènes. Allan Kardec écrit :

« Les communications entre le monde spirituel et le monde corporel sont dans la nature des choses; nous en trouvons la trace chez tous les peuples et à toutes les époques. » — et il ajoute : « en quoi aussi elles sont générales et patentes pour tout le monde ».

Nous répondons : des traces de la communication des êtres humains avec des êtres ayant habité la terre sous la forme humaine ne sont pas trouvées parmi tous les peuples et à toutes les époques. Au contraire, elles sont extrêmement rares.

Il faut distinguer les communications entre les mondes *spirituels* et corporels et les communications entre le *monde des Esprits* tel qu'il est compris par Allan Kardec, et le monde corporel, ce qui n'est pas la même chose. Ce qu'Allan Kardec déclare être général, patent pour tout le monde, ne fut pas, à de très rares exceptions, pratiqué dans l'ancien temps.

Allan Kardec écrit : « Les Esprits annoncent que le temps indiqué par la Providence pour la manifestation universelle est arrivé, et étant les ministres de Dieu et les agents de sa volonté, leur mission est d'enseigner et éclairer les hommes, d'introduire une nouvelle ère pour la *régénération de l'humanité.* » — Et cette annonce est faite par

St-Jean l'Evangéliste, St-Vincent de Paul, St-Louis, etc.

Comment ! Le disciple tant aimé de Jésus, qui, en entendant la voix du royal sensitif de Nazareth et Bethléem quittait tout pour le suivre, ce disciple, qui s'appuyait sur la poitrine de son maître et de son Dieu, pendant la célébration du rite occulte, la veille du jour où on devait le faire mourir, qui fut témoin avec la mère des douleurs d'Israël, du supplice de la Croix, qui répondit aux paroles de l'incarné : « Mon fils, voici ta mère » par un dévouement de toute sa vie à la mère désolée, — ce disciple, qui, à l'heure vespérale, aida à descendre la dépouille mortelle de l'Incarné et à l'envelopper dans un blanc et fin linceul, aromatisé d'épices rares. — ce disciple dont la foi et l'amour n'ont jamais vacillé, qui dans son évangile déclare « que depuis le commencement le verbe incarné fut avec Dieu et *qu'il fut Dieu* », que « sa vie est la lumière des hommes », qui déclare donner à tous ceux qui recevront le verbe incarné « le pouvoir de devenir les fils de Dieu »; — comment ! ce disciple, qui, dans ses révélations de Patmos, donne ce témoignage éternel : « si quelqu'un ajoute à ces choses quoique ce soit, Dieu lui infligera les fléaux qui sont écrits dans ce livre » et « si quelqu'un en ôte, Dieu lui ôtera sa part de l'arbre de la vie, c'est-à-dire l'immortalité »; — Ce disciple, dont chaque mot, chaque acte, respirent l'amour et la loyauté envers l'Incarné, c'est ce disciple enfin qui vient *aux divers médiums d'Allan Kardec*, comme l'envoyé de son Divin Maître, avec la mission de poser les assises d'un nouvel édifice ! !

Est-ce que Jean ne considérait plus la fondation du verbe incarné comme suffisamment solide et sûre ? La vie et la mort du Rédempteur n'étaient-elles plus pour lui suffisantes pour la régénération de l'humanité ! Nous nous demandons si ce n'est pas le comble de l'orgueil, de l'imbécillité ou de la présomption, si ce n'est pas un blasphème de la part de cet Esprit supérieur qui s'annonce comme étant Saint-Jean-l'Evangéliste.

Que le lecteur médite sur cette matière et qu'il juge.

Une autre personnalité annoncée, c'est Saint-Augustin. On ne dit pas si c'est Aurélius Augustinus dont les écrits sont tenus en vénération par toute l'Eglise catholique et qui est le fondateur de la scholastique, ou si c'est le moine Bénédictin si zélé qui essaya vainement de convertir la sacrée hiérarchie druidique de Galles.

Quoi qu'il en soit, les deux Augustins furent non seulement chrétiens, mais apôtres du Catholicisme.

Un autre nom d'emprunt est celui de St-Vincent-de-Paul, l'illustre fondateur des Lazaristes, de l'hôpital des Enfants-Trouvés à Paris, etc., qui se distinguait par son humilité et son zèle pour le Catholicisme.

Un autre encore est celui de St-Louis, ce roi si zélé des Croisades, qui passa la plus grande partie de son règne à combattre contre les Sarrazins pour leur arracher la Terre-Sainte, la terre qui avait vu naître et mourir son Dieu et qui succomba, foudroyé par la peste, dans son camp devant Tunis en combattant pour la cause qui lui fut si chère.

Est-ce qu'un individu capable de penser et de raisonner peut croire un seul instant que ces catholiques, ces apôtres rois et martyrs, viennent aujourd'hui aux médiums variés, non pour révéler des vérités occultes en accord avec la doctrine catholique, mais pour jeter la base d'un nouvel édifice et proclamer une nouvelle ère ?

Si ces fondateurs d'ordres eussent désiré se communiquer, ils ne manquaient pas de sensitifs dans leurs propres ordres religieux. Quant à Saint-Louis et Aurélius Augustinus, s'ils avaien eu la moindre connaissance de la Terre et de ses sensitifs, ils aura ent dû savoir qu'avant la venue des Esprits supérieurs d'Allan Kardec, les ordres religieux de l'Eglise dont ils furent les défenseurs zélés étaient riches en sensitifs, bien développés et raffinés, dont la gloire eut été de recevoir leurs communications.

Allan Kardec fait savoir à ses lecteurs que, parmi ces Esprits supérieurs, plusieurs ont vécu sur la Terre et que d'autres n'ont été aucuns personnages historiques dont on ait gardé le souvenir, mais que leur élévation est attestée par la pureté de leur doctrine et par leur union avec ceux qui portent des noms vénérés. On ne doit pas s'étonner dès lors que l'Esprit supérieur, non historique, qui, en cette occasion, accompagne les autres Esprits supérieurs tels que St Jean, St-Augustin, etc., s'annonce comme l'*Esprit de Vérité* ; cela va sans dire.

Tous ceux qui se vouent à l'étude et qui ne se bornent pas à croire doivent comprendre quel rôle est joué par les médiums et les assistants au moment des communications avec l'Esprit supérieur ou inférieur. Une chose est évidente, c'est que l'importance et la nature des communications dépendent absolument de l'intelligence réflective des médiums ou des assistants. Il est prouvé scientifiquement et logiquement que ce sont eux qui fournissent aux Esprits les moyens intellectuels et physiques et cela est si bien prouvé que l'éminent astronome Camille Flammarion, collaborateur d'Allan Kardec, reconnaît que les communications s'accordent avec l'intelligence, les pensées, les idées et la nature des intelligences *réflectives* des assistants, et ce fait prouve indubitablement que les Esprits sont complètement dépendants de l'homme, car, de tout temps, rien n'a été révélé à l'homme que par l'homme. Ces

soi-disants Esprits n'ont rien à eux qui touche à notre degré de matérialité, indépendamment de l'homme et sans lui ils ne peuvent rien faire.

Et maintenant voyons le fond de la question : c'est-à-dire les *révélations* des Esprits supérieurs eux-mêmes qui donnent à Allan Kardec la mission d'écrire le *Livre des Esprits*.

L'adresse commence dans un style pompeux et suggestif ; il est dit que les Esprits supérieurs regardent l'homme intellectuel, instruit, philosophe, comme un être inférieur qu'ils ont le droit de patronner et de guider. Ils ordonnent à Allan Kardec de s'occuper de l'œuvre qu'il entreprend « avec leur concours », car son œuvre est la leur. Ils l'informent qu'ils ont jeté la base d'un nouvel édifice qui grandira et qui réunira un jour tous les hommes dans un même sentiment d'amour et de charité, mais qu'avant l'expansion de la doctrine spirite dans le monde, eux, les Esprits et Allan Kardec, doivent « revoir ensemble » le tout afin de contrôler les détails. Ensuite ils promettent d'être avec lui toujours, toutes les fois qu'il le demandera, pour l'aider dans les œuvres qui forment une partie de la mission à lui confiée et qui lui ont été révélées par l'*Un d'eux*. Puis ils ordonnent à l'auteur de garder *pour lui seul* une part de leurs enseignements *jusqu'à nouvel ordre*, ajoutant : « Nous t'indiquerons quand le moment de les publier sera venu ; en attendant, médite-les afin d'être prêt quand nous te le dirons ».

Considérons maintenant pourquoi les Esprits désirent revoir avec Allan Kardec ce qui lui est révélé *avant que ce soit publié*. Pourquoi laissent-ils certains points sur lesquels il doit méditer jusqu'au moment qu'ils indiqueront ? La raison en est claire comme le jour. Parce que son intelligence réflective est le miroir dans lequel ils peuvent voir et plus ou moins distinctement comprendre ce qu'il comprendra lui-même, et sans ce « nous reverrons ensemble », sans la force de pensée acquise d'avance par la méditation de l'homme, ces Esprits supérieurs sont parfaitement impuissants et incapables de se poser comme des instructeurs et des éclaireurs de l'humanité — « Méditez sur certains points abstrus qui ne sont pas assez clairement définis pour que nous voyions la réflexion plus distinctement, et *quand vous saurez*, nous saurons aussi, et quand tout sera prêt, *nous vous le dirons* ».

Quelle ruse, quelle subtilité ! Comme on voit bien toujours le même dessein de prendre tout à l'homme sans lequel ces puissances et ces agents ne peuvent rien sur la terre, le même dessein de le réduire en servitude. C'est la même histoire, toujours vieille et toujours nouvelle.

Les Esprits supérieurs donnent ensuite cet ordre à l'auteur : « Tu mettras en tête du livre le cep de la vigne que nous t'avons indiqué, parce que c'est l'emblème du créateur. Tous les principes qui représentent le mieux l'esprit et le corps y sont réunis; —le corps est le cep, l'esprit est la liqueur, l'âme où l'esprit uni à la matière est le grain. L'homme qui n'essencie l'esprit par le travail, et tu sais que *ce n'est que par le travail du corps que l'esprit acquiert des connaissances* ». Le dessein qu'on peut observer n'est pas un cep, mais une branche de vigne. Toutefois cela n'a pas d'importance, aucun des esprits cités n'étant tenu d'être botaniste Le cep symbolise le corps, la sève l'esprit. Si le cep est détérioré de telle façon qu'il ne garde plus la sève, la vigne dépérit, et par conséquent, si le corps ne garde pas l'esprit, l'homme périt. Le grain spécifie l'union de l'âme et du corps, et sans cette union il ne peut y avoir de grain, c'est-à-dire aucune fructification, car le grain est le germe de vie de la vigne et son but la croissance, la vie. Ainsi l'union de l'âme et du corps est démontrée aussi nécessaire pour la vie et l'évolution de l'un que pour la vie et l'évolution de l'autre.

Très bien, O Esprits supérieurs ! Mais ceci est tout à fait en désaccord avec votre enseignement « que l'esprit quitte le corps à jamais, quand il est perfectionné ».

Vous dites aussi : « Tu sais que ce n'est que par le travail du corps que l'esprit acquiert des connaissances ». Oui, assurément, à nos dépens, nous le savons, hélas ! nous, pauvres hommes qui peinons et travaillons sans cesse pour satisfaire les états d'être moins matériels et qui nous épuisons et mourons dans la lutte ; ce n'est pas de notre faute, à nous, mais aux puissances dites de l'au-delà ou êtres semblables, nos ennemis, qui nous ont ravi un état d'être, l'état intermédiaire entre l'âme et le corps. Certainement nous le savons, et quand cette connaissance sera répandue parmi les psycho-intellectuels, les travailleurs, las, usés et épuisés se mettront en grève et les Esprits supérieurs cesseront de patronner l'homme, parce qu'il connaîtra sa propre puissance dans l'état matériel, son droit à la domination sur la terre, et tous ces êtres incapables de toucher à la terre sans l'aide de l'homme seront obligés de rentrer chez eux ou, s'ils restent, de servir l'homme au lieu de l'asservir.

Les Esprits supérieurs informent ensuite Allan Kardec qu'il ne doit pas se décourager à cause des critiques ou des opinions dissidentes que la vanité de certains hommes fera naître, mais que les vrais spirites devront laisser de côté les misérables disputes de mots (ceux qui connaissent les spirites en masse peuvent témoigner qu'ils possèdent une volubilité exceptionnelle). Il ne doit pas s'inquiéter des ronces et des pierres que des incrédules et des méchants sèmeront sur la route (On peut compter parmi ces incrédules et ces méchants la majeure partie du monde scientifique, les théosophes, occultistes, libres chercheurs,

libres penseurs, les matérialistes, et toute l'Eglise catholique). C'est en se servant de telles épithètes que les Esprits supérieurs uniront par un lien fraternel les hommes du monde entier.

Les Prolégomènes se terminent par cet aphorisme : Dieu se retire des orgueilleux et reçoit les humbles — un enseignement qui date de plus de 1.800 ans !

Que résulte-t-il de cette étude préliminaire ?

1o Qu'une puissance quelconque, laquelle puissance a nécessairement une cause, essaie continuellement de toucher à la terre et à ses habitants *par* et surtout *dans l'homme*, en d'autres termes qu'elle cherche à déloger ou affaiblir le *moi* de l'homme et à prendre la place de ce qu'elle aura délogé ou affaibli.

Cette substitution partielle ou complète une fois effectuée, l'homme cesse d'être l'homme dans son être intégral et conscient;

2o Que cette puissance qui, par l'intermédiaire de l'homme sans lequel elle n'est rien, essaie de toucher à la terre et à ses habitants, et qui gagne en force continuellement, a pour but la possession collective des hommes ;

3o Que les assertions de cette puissance, interrogée sur sa nature, sont fausses et blasphématoires, parce que des êtres envoyés par la Divinité qui formait l'homme à sa propre ressemblance ne seraient pas autorisés par le divin Formateur à abîmer son chef-d'œuvre, l'homme, en séparant la volonté de l'intelligence, l'intelligence des sens, les sens des organes, en un mot à le mutiler.

Le Verbe incarné qui a dit « Moi et mon père nous sommes un » n'aurait pas envoyé des êtres avec mission de bâtir un nouvel édifice, alors qu'il avait déclaré être lui-même le Temple et le seul Temple. Il ne pouvait envoyer des messies pour régénérer le monde après le sacrifice du Calvaire.

Cette puissance qui a sans cesse gagné depuis un demi-siècle n'a pas rempli sa mission tant vantée d'instruire et éclairer les hommes psychiquement, intellectuellement, scientifiquement, moralement et physiquement. Au contraire. Si l'on considère le mouvement avec attention, on peut se rendre compte que l'influence de cette puissance est régressive et non progressive.

Quant à la preuve de l'immortalité de l'âme offerte par cette puissance comme un appât, nous pouvons dire que cette immortalité a été acceptée et est acceptée à peu près universellement par tous les cultes anciens et modernes. Quant aux non-religionnistes et aussi libres penseurs, ils n'ont jamais été aussi vigoureux et aussi nombreux qu'à présent.

Et à l'égard de l'appât le plus tentant de tous, la communication avec ceux qui ont quitté la terre, il n'y a, ainsi que nous le démontrerons plus tard, *aucune preuve qu'une pareille communication existe.*

Quant à la solution du problème de l'au-delà, les émissaires de cette puissance qui se posent en Esprits privés de leur enveloppe corporelle, ces êtres qui, aussitôt qu'un individu célèbre quitte la terre, apparaissent aux séances (souvent à plusieurs en même temps, ce qui prouverait leur ubiquité) et affirment qu'ils sont les esprits qui ont abandonné le corps des personnes qu'ils représentent et qui parlent en leur nom, ces êtres n'ont jamais, *par les milliers de médiums mis à leur disposition,* pu instruire ou éclairer l'homme sur ce qui se passe après la transition. Nous n'en savons pas plus à ce sujet éminemment important que nous n'en savions avant la venue des Esprits.

Quand à la foi et aux croyants, l'histoire et l'expérience de chaque heure montrent combien l'homme, collectivement et individuellement, est capable d'imaginer, forger et croire sous l'influence de la foi, de même que les expériences de tous les jours montre au médecin ce qu'un malade est capable d'imaginer et croire, quand il est sous l'influence complète ou partielle d'un anesthésique ou d'un narcotique.

La libre intelligence, la raison sans liens, sans rainures, la vraie science sont les seuls moyens d'instruire les hommes, et tout ce qui paralyse leur évolution et leur progrès est (nous empruntons les termes de l'Esprit supérieur) « un voile jeté sur les célestes clartés, et Dieu (pas plus que l'homme psycho-intellectuel qu'il a formé) ne peut se servir de l'aveugle pour faire comprendre la lumière ».

Bravo, Esprit supérieur !

LE LIVRE DES ESPRITS

Livre I. — Les causes premières

Avant d'aborder l'étude de cet ouvrage, nous prévenons le lecteur qu'il n'y a rien d'original dans la doctrine enseignée par les Esprits supérieurs. Beaucoup de choses sont admirables de profondeur, mais il faut se rendre compte que tout a été recueilli et mis en ordre par un homme d'une intelligence d'élite et que cette belle intelligence fut développée et cultivée avec le plus grand soin, que cet homme de lettres, si grandement doué, si accompli, ce philosophe et scientiste avancé qui, en 1857, publiait la partie philosophique du *Livre des Esprits*, avait dans son entourage les penseurs les plus avancés, l'élite du monde intellectuel, que de plus ayant reçu une instruction classique et étant par sa nature porté aux spéculations métaphysiques, les idées, les conceptions et les ouvrages des anciens et des modernes lui furent également familiers.

Comme tout ouvrage semblable écrit dans ces conditions « Le livre des Esprits » d'Allan Kardec est extrêmement intéressant, et il vaut la peine d'être lu. D'autre part, ce qui est *réellement original,* soit l'enseignement des Esprits à l'aide de divers médiums. est faux, prétentieux, banal et illogique. Pourquoi ? Parce que à cette époque, aussi bien qu'aujourd'hui, parmi les médiums il peut se rencontrer des personnes qui ne sont pas complètement exemptes de prétention, d'orgueil et de vulgarité et dont le pouvoir de raisonnement est faible, vacillant. D'ailleurs, il est à noter que les Esprits supérieurs ne répondent qu'aux questions d'un philosophe érudit qui ouvre ainsi à ces Esprits le trésor de sa propre intelligence réflective.

Pour mieux nous expliquer, il nous suffira de prendre les phrases que nous lisons sur la couverture de la *Revue spirite,* fondée en 1858, par Allan Kardec :

— « Tout effet a une cause. Tout effet intelligent a une cause intelligente. La puissance de la cause intelligente est en raison de la grandeur de l'effet ». Les première et deuxième phrases ne sont pas originales ; la troisième « la puissance de la cause intelligente est en raison de la grandeur de l'effet » est illogique. L'effet est en raison de la nature et capacité de ce qui est affecté. La puissance d'une cause est indépendante de l'effet.

CHAPITRE Ier.—Preuves de l'existence de Dieu

La question posée est celle-ci : où voit-on dans la cause première une intelligence suprême et supérieure à toutes les intelligences (No 9).

Réponse des Esprits. — Tu as un proverbe qui dit : « A l'œuvre on reconnaît l'ouvrier. (Comment les Esprits savaient-ils nos proverbes ?) Hé bien, regardez l'œuvre. »

Nous répondrons que ceux qui regardent l'œuvre avec attention trouveront qu'il y a plus d'un ouvrier et que ces ouvriers ne sont pas d'accord entre eux. Voilà une question en-dehors de la conception des Esprits, et l'interrogateur est prié de regarder et de trouver lui-même. Pourquoi ? Parce que les Esprits n'en savent rien.

Dieu et l'Infini

Les Esprits disent que tout ce qui est inconnu est infini. Inconnu de qui ? Si c'est de l'Intelligence suprême, alors l'inconnu n'existe pas ; si c'est des moindres intelligences, beaucoup de ce qui leur est inconnu est fini, quoique inconnu.

Attributs de la Divinité

Question (12). — Pouvons-nous avoir une idée de quelques-unes des perfections de Dieu ?

Réponse. — Oui, de quelques-unes ; l'homme les comprend mieux à mesure qu'il s'élève au-dessus de la matière.

— S'il en est ainsi, pourquoi les Esprits supérieurs affirment-ils dans les Prolégomènes : « Ce n'est que par le travail du corps que l'esprit acquiert des connaissances ? » Probablement, les deux assertions opposées furent de deux Esprits différents ; mais si les esprits supérieurs sont divisés les uns contre les autres, comment leur royaume peut-il durer ?

CHAPITRE II. — Eléments généraux de l'Univers. -- Connaissance des principes des choses.

Question (19). — L'homme ne peut-il, par les investigations de la science, pénétrer quelques-uns des secrets de la nature ?

Réponse. — La science lui a été donnée pour son avancement en toutes choses, mais il ne peut pas dépasser les limites fixées par Dieu.

— Que les sont ces limites et où les a-t-il définies ? Dans les mots « repeuplez la terre, subjuguez-la et ayez sur elle la domination », il n'y a point de limite fixée dans la recherche.

LIVRE II

Monde Spirite et des Esprits

Question (78-79). — Les Esprits ont-ils eu un commencement ?

Réponse. — Les Esprits sont l'individualisation des principes intelligents, comme les corps sont l'individualisation des principes matériels. L'époque et le mode de formation sont inconnus.

L'homme, individualisation des principes matériels, sait quelque chose de l'époque et des circonstances de sa naissance. Comment se fait-il que les individualisations du principe de l'intelligence ne sachent rien de l'époque ou des circonstances de leurs individualisations variées. La réponse est facile. Ni les médiums, ni l'interrogateur, ni les assistants ne savaient quand et comment les individualisations et les Esprits furent formés, par conséquent, les Esprits supérieurs ne le savaient pas davantage. Ils ont parlé plus ou moins savamment des propriétés de la matière, de la formation des mondes et des êtres vivants, du peuplement de la terre, d'Adam et de la diversité des races, de la pluralité des mondes et des êtres organiques et inorganiques, de la vie et de la mort, parce que ces sujets furent reflétés dans les intelligences d'Allan Kardec et de ses

amis ; mais l'époque et le mode de formation de cette matière dont ils s'étaient libérés et qu'ils estiment si misérable et si méprisable, ils devraient les connaître. Cet aveu d'ignorance est un progrès sur la manière dont les Esprits ont traité la question : « N'avons-nous pas une idée complète des attributs de Dieu ? »

L'interrogateur fut informé que l'intelligence de l'homme laissait à désirer, et que son langage borné, ses idées et ses sentiments ne suffisaient pas pour rendre la pensée des Esprits. Cette façon d'éluder toute question embarrassante se rencontre très fréquemment.

Après la question : « Les Esprits ont-ils eu un commencement, ont ils une fin ? », nous lisons. « Il y a bien des choses que vous ne comprenez pas parce que votre intelligence est bornée. L'enfant ne comprend pas tout ce que comprend son père, l'ignorant tout ce que comprend le savant ; nous ne disons pas que l'existence des Esprits ne finit pas, c'est tout ce que nous pouvons dire à présent. »

Certainement, c'est tout ce que les Esprits peuvent dire. Pourquoi ? *Parce que l'homme ne le sait pas.* Cependant, ces Esprits affirment qu'ils sont envoyés par Dieu et que leur mission est d'instruire et d'éclairer les hommes. Evidemment, la vérité est que l'homme leur sert sa vitalité et son intelligence. Dans l'homme se trouvent la vie et la lumière, et c'est seulement par la vie et la lumière de l'homme que les Esprits supérieurs et la Puissance dont ils sont les émissaires savent tout ce qu'ils savent. L'homme est leur lumière et leur vie, car c'est par son intelligence réflective qu'ils voient et c'est par sa vitalité qu'ils vivent. De plus, en dehors de l'homme dans le plan matériel, ils n'existent pas, c'est l'homme qui est la cause de leur existence. D'où vient donc leur prétendue supériorité ? En vérité, les Esprits sont dépendants de l'homme (ils le constatent eux-mêmes d'une manière voilée), et sans lui ils ne sont rien. Ce sont des parasites qui se nourrissent de la vitalité d'autrui.

Quand les Druides, avec beaucoup de solennité, abattaient le gui des chênes sacrés, emblème de la longévité, ils enseignaient d'une manière symbolique une vérité du passé lointain ; cela signifiait que, pour conserver la vitalité, il faut arracher tous les parasites, fussent-ils des plus beaux en apparence et leurs plus rares sensitifs se couronnaient avec la plante parasitaire en signe de victoire sur l'ennemi contre lequel ils luttaient : la mort physique. Les Esprits qui affirment (chap. I, nº 79) que l'époque et le mode de formation des Esprits *sont inconnus* affirment aussi (nºs 128, 129) que les anges, archanges et séraphins ont parcouru tous les degrés de l'échelle, et qu'à ce sujet les traditions de presque tous les peuples sont erronées. Ainsi ils rejettent la tradition, mais ils ne donnent aucune preuve de ce qu'ils avancent.

En réponse à la question (n° 131) : « Y a-t il des démons dans le sens attaché à ce mot ? », ils répondent : « S'.l y avait des démons, ils seraient l'œuvre de Dieu. . S'il y a des démons, c'est dans ton monde inférieur et autres semblables qu'ils résident. Ce sont les hommes hypocrites qui font d'un Dieu juste un Dieu méchant et vindicalif. »

Vous manquez de courtoisie, ô Esprits supérieurs ? Que dites-vous des Anges qu'on dit être enchaînés dans les ténèbres ? — Et les étoiles errantes qui vont dans la nuit ? — Et les démons rejetés par le Verbe incarné et ses disciules, et dont le Christ lui-même fut accusé d'être le chef ? — En outre, si les hommes sont les seuls démons et si Dieu ne peut être ni juste ni bon en créant les démons, il faut conclure ou que Dieu n'est ni juste ni bon ou qu'il n'a pas fait l homme.

CHAPITRE II. — Incarnation des Esprits. But de l'incarnation. De l'âme.

Dans le n° 134, les Esprits enseignent: « Les âmes sont des Esprits revêtus temporairement d'une enveloppe charnelle pour se purifier. »

D'après cela, le corps est essentiel à tout progrès, à toute évolution. Comment, dès lors, ces Esprits supérieurs, qui évidemment désirent tant posséder une enveloppe charnelle, car ils ne cessent d'essayer de s'approprier celle de l'homme, peuvent ils en leur état actuel instruire et éclairer l'homme qui dans son état est parfa t en soi ? Et puisqu'ils ne peuvent affecter les sens de l'homme que par les organes des sens de l'homme, pourquoi un corps n a t-il pas été préparé pour eux, afin qu'ils pussent se manifester sans l'aide de médiums humains ? Leur mission eut été singulierement facilitée et le semi martyre de milliers de médiums n'eut pas été nécessaire.

Selon leur enseignement, l'esprit devient une âme quand il s unit au corps et a la dissolution du corps, l'âme redevient esprit. Voilà encore une preuve frappante de l'ignorance complète de la Puissance manifestée et de ses émissaires en psychologie élémentaire. Tandis qu'ils discutent à leur aise sur les propriétés de la matière qu'ils ne peuvent sentienter (percevoir, connaître) que par le canal de la médiumnité humaine, ils ne savent pas qu'un esprit ne peut jamais devenir une âme ou une âme un esprit. L esprit est ruach, ruach et toujours ruach, le neschamah est neschamah et toujours neschamah. Toute personne ayant quelque notion de sciences psychiques ou occultes sait la différence que ces instructeurs de l'humanité ignorent.

Quant à Saint Jean l'Evangéliste, il mérite un blâme sévère. Dans le cantique de triomphe de la mère de l'Incarné, nous trouvons : « Mon âme glorifie le Seigneur, et mon esprit se réjouit en Dieu qui est mon sauveur. » Elle ignorait évidemment qu'étant dans « l'enveloppe charnelle » elle ne pouvait être esprit; non pas que le lys immaculé fut blâmable pour cela, une de ses missions consistant probablement à être le chef des incrédules et des méchants qui sèment les ronces et les pierres sur la route des Esprits supérieurs, le blâme est pour Saint Jean, le premier évêque de Jérusalem, qui aurait dû, pendant sa vie terrestre, dissiper l'erreur psychologique contenue dans le chant inspiré de sa mère adoptive.

Les docteurs et apôtres de l'Eglise, Saint Augustin, Saint Vincent de Paul manquent aussi de zèle ou de connaissances, puisque, chaque jour, ils chantèrent ou écoutèrent cette perle poétique et mélodieuse: « le magnificat », sans rectifier l'erreur

Paul de Tarse, un des princes de la psychologie, est une vilaine « ronce » et une « rude pierre » jetée sur la route, car il parle de la division de l'âme et de l'esprit, comme on parle de la division de l'os et de la moelle, indiquant ainsi que, de même que les os enveloppent la moelle, de même l'âme enveloppe l'esprit. Mais qu'importe ? N'est-il pas écrit dans le programme de la section spirite que « la doctrine des esprits selon Allan Kardec est éminemment progressive » et n'est-ce pas un malheur que la mère de Dieu et l'apôtre des Gentils aient vécu dans le premier siècle de l'ère chrétienne, tandis que la Puissance s'est manifestée et que les esprits supérieurs ont parlé par le canal des médiums dix-huit siècles plus tard ?

Dans le numéro 136, nous trouvons les vérités fondamentales suivantes de la doctrine spirite qui, comme la loi des Mèdes et des Perses, ne change point; en réponse à la question « le corps peut-il exister sans l'âme ? » il est dit : « avant la naissance, il n'y a pas encore union définitive, entre l'âme et le corps... La vie organique peut assumer un corps sans l'âme. »

A l'égard du dogme « avant la naissance il n'y a pas encore union définitive entre l'âme et le corps », il faut noter que la science, grâce à son collaborateur si admirable quoique imparfait, le microscope, a prouvé que tout organisme individuel est formé de cellules, et que toute cellule a son âme individuelle et indépendante, que c'est à la période du groupement des cellules dans la vie embryonnaire que l'intelligence se trouve, divisant les 96 cellules avec une exactitude parfaite dans ses 64 ectodermes, cellules intérieures et ses 32 cellules endodermes, cellules extérieures, les premières cellules servant pour la sensation, le mouvement, le fonctionnement du système nerveux et aussi les organes des sens, les dernières pour la nutrition, la digestion et la respiration. Le microscope prouve ainsi que, dès le commencement même de l'être embryonnaire ou individuel, l'âme et son entourage corporel sont indissolublement unis. Il y a un proverbe qui dit : les faits sont des pilules dures à avaler. L'assertion « la vie organique peut animer un corps sans âme » est absolument inexacte.

La question suivante est celle-ci : « Que serait notre corps, s'il n'avait pas d'âme ? » Et la réponse : « une masse de chair sans intelligence, tout ce que vous voudrez excepté l'homme. » La question n'a pas le sens commun, parce que sans le groupement des cellules vivantes, il ne peut y avoir de corps, et chaque cellule vivante a son âme indépendante; une masse de chair vivante sans âme est une impossibilité, quelque chose d'inconcevable.

Les Esprits auraient dû s'initier un peu dans les rudiments d'ontologie avant de se mêler d'instruire d'une telle façon l'humanité ignorante et bornée.

Question (137). Le même Esprit peut-il s'incarner dans deux corps différents à la fois ?

Réponse. Non, l'esprit est individuel et ne peut assumer simultanément deux êtres différents.

— Très bien. Comment se fait-il alors que les Esprits populaires, tels que Napoléon, Victor Hugo, Platon, St-Paul, etc., animent assez fréquemment divers médiums à la fois ?

Vient la question suivante : que penser de ceux qui regardent l'âme comme le principe de la vie matérielle ?

— Et comme toujours, quand l'interrogateur n'est pas sûr lui-même de la solution, il est répondu : c'est une question de mots, nous n'y tenons pas, *commencez par vous entendre vous mêmes.* — En d'autres termes : méditez sur le sujet, et après l'avoir compris, nous serons heureux de voir ce qui se passe dans le miroir de votre intelligence réflective. Enseignez nous, ô vous, hommes qui savez, afin que nous puissions nous, Esprits supérieurs, enseigner ceux qui ne savent pas.

(140) Ici sont confondus l'âme et le fluide vital (le seul fluide vital connu est le sang), de même que sont confondus l'âme et l'esprit. L'âme est toujours l'âme, le fluide vital est toujours le fluide vital, et le plus ignorant ne peut prendre l'un pour l'autre. Mais toutes ces hypothèses illogiques, anti-scientifiques peuvent s'expliquer par ce fait que, d'une façon ou d'une autre, des esprits inférieurs se sont introduits parmi les supérieurs à qui Dieu a ordonné d'instruire, d'éclairer et de régénérer l'humanité, car il est dit dans le no 143. il y a des esprits faux-savants qui font parade de mots pour en imposer.

Puisqu'on nous enseigne (n° 146) que le siège de l'âme est plus particulièrement dans la tête chez ceux qui pensent beaucoup et dans le cœur chez ceux qui sentent beaucoup et dont toutes les actions se rapportent à l'humanité, ces Esprits supérieurs étant si entièrement occupés à instruire et à éclairer ont peut-être concentré l'âme avec son intelligence dans leur cœur en laissant peu de chose dans leur tête, qui sait ? Les suppositions charitables sont toujours préférables aux jugements arbitraires.

Matérialisme

Voici encore que les Esprits manquent de cette courtoisie qui est l'huile qui adoucit les frotte_ ments parfois rudes des roues de la vie, car en réponse à la question (147) : pourquoi les scientistes sont-ils si souvent portés au matérialisme, ils répondent que cette disposition vient de l'orgueil des hommes qui croient tout savoir et qui n'admettent pas que quelque chose puisse dépasser leur entendement, que leur science même leur donne de la présomption, que d'ailleurs le néant les effraye plus qu'ils ne veulent le faire paraître et que les esprits forts sont souvent plus fanfarons que braves. La plupart, disent-ils, ne sont matérialistes que parce qu'ils n'ont rien pour combler ce gouffre qui s'ouvre devant eux. Montrez-leur, ajoutent-ils, une ancre de salut et ils s'y cramponneront avec empressement.

— La science démontre qu'il n'existe pas de néant ou de vide, que tout est matière, sauf l'esprit pur en passivité, qui est HORS DE LA PENSÉE. Que les Esprits supérieurs montrent l'ancre de salut, l'immortalité du corps aux matérialistes et ils s'y cramponneront avec empressement, de plus ils crieront de toute la force de leurs poumons : La Puissance est le Dieu ! Dieu est la Puissance !

En résumé, les Esprits supérieurs, ainsi que nous l'avons vu, ne savent rien des états variés d'être. Ils confondent l'esprit avec l'âme, l'âme avec le fluide vital, et ils ignorent complétement l'état très important de l'intelligence, car, en les étudiant, on s'aperçoit que ces Esprits ne possèdent pas cet état et qu'à cet égard ils sont entièrement dépendant de l'intelligence de l'homme. Quant au corps nerveux, ils n'en parlent pas, et il est certain qu'ils ne le possèdent pas, autrement ils seraient indépendants et n'auraient pas besoin de l'aide des médiums. Des êtres sans intelligence indépendante, sans un corps en l'absence duquel, selon leurs propres dires, l'esprit ne peut acquérir de connaissances, que peuvent-ils faire pour l'humanité ? On peut répondre à la question par cette autre question : Qu'ont-ils fait pendant le dernier demi-siècle pour notre instruction et notre progrès ?

CHAPITRE III. — Retour à la vie corporelle et à la vie spirituelle

Question (149). Que devient l'âme à l'instant de la mort ?

Réponse. Elle redevient Esprit.

—Encore la même erreur que nous avons signalée.

Question. L'âme n'emporte-t-elle rien avec elle d'ici-bas ?

Réponse. Rien que le souvenir.

Une fois que l'âme a perdu ses enveloppes matérielles avec leurs divers états et degrés, ainsi que les organes des sens avec leur état et degré d'être, elle est complètement séparée de tous les états et degrés perdus. Or l'âme, peu après son départ, a perdu non seulement l'enveloppe charnelle, mais encore l'état du corps nerveux ou, comme d'autres disent « l'esprit des ossements ».

Ce bris du lien d'attache, cette rupture du fil électrique de la vie, empêche toute communication avec ceux qui ont subi la transition (dans les conditions actuelles). Quel que soit le nom dont s'affublent les Esprits, ils ne sont pas les Esprits des morts.

Question (132). Quelle preuve pouvons nous avoir de l'individualité de l'âme après la mort ?

Réponse. N'avez-vous pas cette preuve par les communications que vous obtenez ? Si vous n'êtes pas aveugles, vous verrez ; si vous n'êtes pas sourds, vous entendrez, car bien souvent une voix vous parle qui vous révèle l'existence d'un être en dehors de vous.

—Mais tout le monde n'est pas aveugle et sourd. Qu'adviendrait-il si un examen soutenu et non prévenu de ces êtres en dehors de nous, prouvait qu'ils ne sont pas les âmes, esprits ou corps nerveux de ceux qui ont vécu sur la terre, mais bien des êtres habitant une région dans laquelle se trouve le degré matériel le plus proche de nous et qui est analogue à la force pathotique? C'est cette force qui contracture le corps au moment de la transition, et c'est cette force que ces êtres ont en partie monopolisée ; c'est dans ce degré de matérialité qu'ils peuvent discerner pendant un certain temps les pensées les plus intimes de l'âme qui a quitté la terre et se servir de ses pensées ainsi que de sa forme (eidolon, fantôme) dans l'unique but de communiquer, de s'unir avec l'homme et de le posséder.

Tous les états de l'homme psycho-intellectuel, en ordre, sont immortels. Ce qui est formé à la similitude de la Divinité partage les attributs de la Divinité dans leur intégrité et ce qui a été sera. Le dernier ennemi qui sera vaincu, ce sera la mort. Mais, dans les circonstances existantes, nous constatons une fois de plus, nous en avons les preuves, que les états d'être moins denses et plus raréfiés, étant une fois séparés de l'état le plus matériel, l'état du corps, ne peuvent en aucune façon revenir à l'état matériel, quoique cependant à la suite d'un développement bien compris, mais très-rare, certains sensitifs puissent entrer dans les états moins matériels où ils peuvent séjourner sous certaines conditions.

Le harpiste royal, le grand contemplateur, David, après avoir lutté pour la vie de l'enfant qu'il aimait, et qu'il n'avait pu sauver, après avoir jeûné et versé d'abondantes larmes, s'exprimait ainsi : « j'irai à lui, mais il ne viendra pas à moi. » (Samuel chap. XII, V. 23). « Ainsi qu'un nuage se dissipe et s'évanouit, lui qui descend dans la tombe ne remontera plus. » (Job VII, V. 9).

L'œuvre sublime offerte aux Occultistes et aux psychologues qui ont les connaissances et le pouvoir nécessaire est celle de la restitution de tous les états d'être de l'homme psycho-intellectuel et du rétablissement de leur communication entre eux, en parvenant à l'immortalité sur terre. Aucun objet n'est comparable à celui-ci, car tant que la vie de l'homme sur la terre finira avant que son intelligence soit développée et avant qu'il n'ait acquit par l'expérience la connaissance et la sagesse, rien ne pourra être réalisé. D'ailleurs, en considérant le corps comme une simple machine qui se renouvelle elle-même, il n'y a aucune raison pour douter qu'il ne parvienne à fonctionner sans interruption, quand sa nature et ses besoins seront bien compris. La perte du corps n'est le *fiat* ni de Dieu ni de l'homme, elle est simplement la conséquence de la perte de la connaissance qui peut être retrouvée Il n'est pas vrai que l'esprit ou quelque autre état d'être de l'homme se réjouisse de quitter le corps. Que quiconque en ayant le pouvoir dise à un agonissant : je vous offre l'immortalité sur la terre ou une vie très prolongée avec tout ce qui est nécessaire pour votre bien-être, et nous défions le moribond, quel qu'il soit, de répondre : je préfère m'en aller dans le monde des Esprits. Chaque être organique et sain se cramponne de toute sa force à la vie et ceux qui affirment que la séparation, laquelle est le pire des maux, est au contraire une jouissance, ne sont pas tout à fait *compos mentis* ou bien ils ne disent pas la vérité.

CHAPITRE IV. — Pluralité des existences. — De la réincarnation.

Question (166). L'âme a donc plusieurs existences corporelles ?

Réponse. Oui, nous avons tous plusieurs existences ; ceux qui disent le contraire veulent vous maintenir dans l'ignorance où ils sont eux-mêmes, c'est leur désir.

—Où est pratiquement la charité dont vous par

ez théoriquement avec tant de volubilité, o Esprits supérieurs ? Et si tout le monde n'est pas de votre avis, pourquoi conclure qu'on est de mauvaise foi et qu'on veut maintenir les hommes dans l'ignorance; pourquoi vous échauffer comme des hommes et des Esprits inférieurs quand on n'accepte pas votre doctrine ?

L'ontologie démontre que la généralité des hommes et des mammifères sont constitués de cellules et de multiples de cellules. Nous savons que ces êtres sont conçus et naissent tous de la même façon ; de même que les parties constituantes matérielles qui enveloppent les êtres organiques s'usent et se remplacent continuellement, de même s'usent la vitalité et l'intelligence qui donnent à la matière la vie et la sensation.

La réincarnation fut acceptée par les cultes principaux du passé, mais comme un fait exceptionnel. Abraham, Moïse, Elie et sa réincarnation Jean Baptiste, l'oint de Bethléem, Samuel et plusieurs autres ont été des incarnations, c'est-à-dire que leur individualité fut conservée intacte, à l'exception du corps, et un corps leur fut préparé (a mère en étant toujours consciente). Du reste, affirmer n'est pas prouver. De même que le royal occultiste, le plus grand de son temps, nous demandons : « qui *sait* que l'esprit de l'homme s'élève et que l'esprit de la bête descend ? »

Question (168). Que devient l'Esprit après sa dernière incarnation ?

Réponse. Esprit bienheureux, il est *pur Esprit.*

— S'il en est ainsi, il ne peut se faire qu'un tel être soit bien heureux, parce que l'Esprit pur n'a pas de forme, encore moins d'individualité. Pauvre humanité ! Selon la doctrine inébranlable du spiritisme, l'Esprit prend et reprend un corps matériel afin d'acquérir des connaissances : « ce n'est que par le travail du corps que l'esprit acquiert des connaissances, se purifie et s'éclaire » et chaque fois que l'homme revit sur la terre ou d'autres terres, il perd plus ou moins complètement la mémoire, incapable ainsi de bénéficier de la connaissance et de l'expérience du passé, et après tant de luttes, de travaux et de souffrances, pour toute récompense il est absorbé dans l'Esprit pur — comme le gaz échappé est absorbé dans l'atmosphère — perdu individuellement. à jamais comme une goutte d'eau dans l'océan. Il espère, craint, se réjouit, se plaint, aime et souffre, lutte et endure pour quelle fin ? L'ABSORPTION. Quel sort terrible !

La Société punit les criminels les plus endurcis en les privant d'un état d'être, et ce droit est même contesté actuellement. Dieu récompense la plus parfaite de ses formations en la privant de tous les états d'être de l'individualité.

L'incarné de Bethléem enseignait : « Bienheureux sont les purs, car ils verront Dieu. » Si la doctrine fondamentale des spirites était vraie, les impurs seuls seraient les bienheureux, puis que l'impureté serait le seul moyen pour ses adepte de retenir le plus précieux des biens, le *moi* D'ailleurs, cette doctrine est directement opposée à celle du fondateur Jésus et de ses disciples. C'est une pierre apportée dans le nouvel édifice des Esprits supérieurs dont le but est si directement opposé à celui de l'Oint que le même édifice ne peut être supporté par les deux pierres ensemble, parce que l'une d'elles doit par nécessité réduire l'autre en poudre.

Personne ne peut servir deux maîtres à la fois. Il faut choisir entre la Divinité qui formait l'homme à sa propre ressemblance, en le dotant de tous les états d'être (pour les chrétiens, c'est le Fils de Dieu qui est Dieu) et la « Puissance » et ses « Esprits supérieurs. »

La vérité est la vérité. Si la perfection consiste dans la perte de l'individualité, l'affirmation de l'Homme-Dieu est fausse, car il enseignait que la plénitude de la vie, l'individualité avec tous ses sens est la récompense des plus parfaits, après la transition et que les Elus, les Saints, depuis le premier homme jusqu'à ceux qui furent dans le corps au moment de la restitution demeurer ont dans ce « Paradis de délices » pour revenir un jour avec lui et recevoir la grande récompense finale, la suprême joie, c'est-à-dire la restauration de l'état matériel qu'ils avaient perdu, l'immortalité sur la terre.

Les Esprits supérieurs enseignent au contraire que les Esprits les plus parfaits sont récompensés par leur libération de l'état de matérialité terrestre et progressivement de tous les autres états d'être, qu'ils reçoivent pour récompense finale et suprême l'absorption. Et qu'on ne vienne pas nous objecter que tel n'est pas le sens qu'on doit donner aux mots « esprit pur » — L'Esprit pur ne pouvant avoir de forme ni d'individualité, c'est bien la perte même du moi. L'Esprit pur étant la perfection non individualisée, et étant *en soi* et *par soi* un et indivisible, on ne peut admettre *plusieurs* Esprits purs, ou alors les mots n'ont plus aucun sens. Il est vrai qu'il faut s'attendre à tout de la part des Esprits.

Il est évident pour tout penseur sans préjugé que l'attribut de la Divinité qui formait l'homme pour l'immortalité sur la terre et la Puissance qui se manifeste chez les spirites sont diamétralement en opposition. Il est évident pour tous les Chrétiens que le « Fils de Dieu qui était Dieu » et les Esprits supérieurs sont diamétralement opposés. Il sera évident pour le penseur indépendant comme pour le chrétien qu'entre la doctrine biblique et la doctrine chrétienne d'une part et celle de la Puissance et de ses émissaires d'autre part, il ne peut y avoir aucune conciliation possible, puisque, pendant que l'une avance, l'autre doit rétrograder et cela aussi sûrement que l'alternative du jour et de la nuit.

Nul n'a le droit de commander à ses semblables de servir un Dieu ou un autre, mais dans la lutte qui approche, ce qui est nécessaire pour la conservation de soi-même, c'est l'intégrité, la force et la sincérité qui sont les plus sûrs protecteurs de la perle sans prix, le *moi*.

Nous présentons cette vérité sans parti-pris. Tout le monde est libre de l'accepter ou de la rejeter.

Que ceux qui ont le pouvoir de penser en toute liberté, jugent et qu'ils pèsent toutes les conséquences de ce que nous avançons, en tous cas, ils reconnaîtront que la sincérité est nécessaire avant tout.

Selon la doctrine spirite, les médiums et les assistants attirent les Esprits avec lesquels ils ont de l'affinité, et il n'est pas douteux que les adeptes du spiritisme, qui sont pour la plupart bons et sincères, ne cherchent à se détromper et à détromper les autres. Donc il est préférable que dans l'avenir les pratiques qui consistent à chanter les hymnes chrétiens et à prier le divin Formateur soient discontinuées, parce qu'on ne peut en toute sincérité servir deux maîtres opposés, car, ainsi que nous venons de le prouver, la doctrine fondamentale des spirites « l'Esprit après sa dernière incarnation devient pur Esprit est ANTI-BIBLIQUE et ANTI-CHRÉTIENNE.

L'incarnation dans les mondes différents.

Question (182). — Pouvons-nous connaître exactement l'état physique et moral des différents mondes?

Réponse. — Nous, Esprits, nous ne pouvons répondre que suivant le degré dans lequel vous êtes, c'est-à-dire que nous ne pouvons pas révéler les choses à tous, parce que tous ne sont pas en état de les comprendre et *cela les troublerait*!!

—Suit une thèse d'Allan Kardec (il n'est pas dit si c'est lui qui a posé la question) qui prouve que les choses ont été très-bien comprises par ce philosophe et qu'il n'a pas eu besoin de la révélation des Esprits pour comprendre le sujet et n'en être pas troublé. Il est plus que douteux que les Esprits soient au courant de ce qui se passe dans les différents mondes.

(186). — « Il me semble résulter de là qu'il n'y a pas une démarcation tranchée entre l'état des dernières incarnations et celui de « pur esprit » ?

— « Cette démarcation n'existe pas... »

Donc entre les *Esprits purs* d'un côté (qui habitent certains mondes et dont parlent les Esprits supérieurs) et l'*Esprit pur* d'un autre, il n'y a aucune démarcation!!

Sexes chez les Esprits.

Question (200). — Les Esprits ont-ils des sexes ?

Réponse. — « Non comme vous l'entendez, car les sexes dépendent de l'organisation. »

Mais si les Esprits perdent l'organisation sexuelle, pourquoi ne perdraient-ils pas d'autres formations caractéristiques? Dans ce cas, de même que la *masse de chair sans intelligence*, ils peuvent être informes, « toute chose excepté l'homme ».

Dans toutes les formations cosmiques, il y a l'actif et le passif dont la manifestation est nécessaire pour toute évolution. Il n'y a aucun effet dans la nature qui n'ait pour cause la force duelle; sans cette dualité qui s'étend depuis l'acrania jusqu'à la Cause sans cause, rien ne saurait exister, car il ne peut y avoir d'intelligence sans vie, et de vie organique sans dualité.

Parents, filiation.

Question (203). — Les parents transmettent-ils à leurs enfants une portion de leur âme ou bien ne font-ils que leur donner la vie animale à laquelle une âme nouvelle vient plus tard ajouter la vie morale ?

Réponse. — La vie animale seule, car l'âme est invisible.

— Nous savons que dans tous les êtres organiques vivants, dans leur condition normale, l'intelligence, la sensibilité et la matérialité, c'est-à-dire l'intelligence, l'âme, la vie et la matière sont indissolubles ; mais en supposant pour le moment qu'il n'en soit pas ainsi, que signifie la réponse des Esprits « la vie animale seule, car l'âme est invisible ? » — La vitalité n'est-elle pas invisible aussi aux soi-disant sens normaux de l'homme? Quant à ceux dont les sens sont développés, l'âme et la vie sont toutes deux visibles.

Si les parents ne transmettent pas à leurs enfants une portion de leur *âme* qui n'est, selon les Esprits, que l'esprit enveloppé de chair, d'où vient la parenté assumée, puisque, quand l'esprit s'est débarrassé du corps, cette parenté ne va pas au-delà? Si les parents ne transmettent pas à leurs enfants l'âme aussi bien que la vie animale, ils sont au-dessous de tous les autres mammifères supérieurs. Prenons, par exemple, les petits des chevaux de course ou des chiens de chasse; la valeur dépend de leur généalogie, parce qu'il est entendu que les parents transmettent non seulement la vie animale, mais leur intelligence, leur sensibilité, leur endurance, leur courage. Si la généralité de la race humaine transmet aux descendants la vie animale seule, les hommes seraient de tous les mammifères les plus dégradés. Tandis que le cheval et le chien forment un être parfait, dans tous les états et degrés selon l'espèce, les parents humains ne prépareraient que la « masse vivante de chair » pour l'habitation d'un Esprit dont ils ne savent rien du tout; la mère le nourrirait de ses propres fluides, le père travaillerait pour ce qui lui est étranger, sauf l'enveloppe charnelle! Tous les liens sacrés de la vie, tout ce qui constitue le *home* ne seraient ainsi qu'une illusion. L'ennemi le plus acharné peut demeurer dans un corps sur lequel la mère veille avec une sollicitude qui ne se lasse pas et auquel le père prépare un avenir par un labeur de tous les jours.

S'il en est ainsi, c'est une bienheureuse doctrine que celle de la transmigration des âmes, car, par ce moyen, les pauvres parents humains de l'enveloppe charnelle peuvent transmettre leur être dans leur intégrité à leurs enfants comme les autres mammifères.

« Les parents transmettent à leurs enfants *la vie animale seule.* »

Quelle magnifique pierre à placer dans le nouvel édifice!

(207). — Les parents, disent les Esprits, transmettent souvent à leurs enfants une ressemblance physique, mais non une ressemblance morale.

Cette affirmation est erronée. La ressemblance morale est aussi fréquente que l'autre, et toutes les deux proviennent de la même cause; l'intelligence, l'âme, la vie et l'organisme (dans les cas ordinaires) étant également édifiés dans le sein de la mère.

Question. (209). — Pourquoi les parents bons et vertueux donnent-ils naissance à des enfants d'une nature perverse?

Réponse. — Un mauvais Esprit peut demander de bons parents dans l'espérance que leurs conseils le dirigeront dans une voie meilleure, et souvent Dieu le leur confie.

— Une chose est certaine. Quoi que ce soit que les Dieux soient capables de faire ou de ne pas faire envers l'homme, aucun homme n'oserait commettre un tel outrage envers son semblable. Et si les Dieux nous traitent de telle façon, le mieux est que nous développions les facultés dont le Seigneur notre Dieu nous a doté, sans nous soucier de tous les autres Dieux.

Du reste, rien n'est absolument bon ou mauvais, tout est relatif. Il n'y a rien de surnaturel dans le fait que les enfants de parents bons et honnêtes soient mauvais et vicieux ou que des enfants de parents mauvais et vicieux soient bons et honnêtes, puisqu'ils sont le fruit de l'être duel. L'oxygène et l'azote de l'air, dans leur mélange normal, sont très-salutaires, mais si vous les combinez au point de n'en faire qu'un vous obtenez un poison mortel. Ni l'oxygène ni l'hydrogène purs ne peuvent être introduits dans le composé humain, mais réunis ils forment ce qui est d'une valeur sans prix: l'eau.

Fin de 221. — Voici que les Esprits affirment que « la doctrine spirite est aussi ancienne que le monde » et ils ajoutent : « c'est pourquoi on la retrouve partout et c'est là une preuve qu'elle est vraie ».

Nous répondons que la doctrine spirite qui enseigne que ceux qui communiquent avec l'homme l'influencent plus ou moins complètement ou le possèdent est connu de tout culte ancien ou moderne. Il est vrai que les Marocains, les Kabyles et les Arabes, au milieu desquels nous vivons, de même que les Ethiopiens et d'autres peuples, invoquent ou évoquent « les Esprits », communiquent avec eux et en sont physiquement, moralement et mentalement influencés ou plus ou moins possédés. Il est vrai que ces communications, avec les coups frappés qui les accompagnent, le déplacement d'objets et autres phénomènes connus des spirites, sont si habituelles chez ces peuples que des choses qui bouleverseraient le monde spirite européen sont regardées par eux avec indifférence et comme des choses connues ; chez eux les Esprits produisent des phénomènes dont la plupart des spirites européens n'ont que peu d'idées; mais aucun d'eux ne croit que les Esprits évoqués soient ceux qui ont vécu sur la terre. S'ils le croyaient, les évocations cesseraient, car ils considèrent comme un sacrilège impardonnable d'évoquer les morts et de troubler ainsi leur repos ; si, par extraordinaire, cela arrive (par exemple l'évocation par la pythonisse d'Endor de l'incarnation de Samuel) cette évocation n'est faite que par ceux qui sont instruits dans cette branche de l'art occulte. Car l'occultisme compte parmi les sept arts que tout grand homme doit connaître et l'évocation des Esprits est une partie de l'occultisme; comme partie d'un tout, elle est nécessaire, mais seule elle est plus nuisible qu'utile. Nous voulons dire que dans l'exercice de cet art, la communication avec les Esprits est souvent nécessaire et le succès de l'occultiste dépend dans une assez large mesure de sa puissance d'évoquer à volonté. L'art sublime de l'occultisme peut être comparé à l'orgue glorieux de la nature dont les notes s'étendent considérablement au-dessus et au-dessous du diapason de l'oreille humaine non développée ; c'est le plus noble de tous les arts et il faut l'honorer et le garder intact. Tous ceux qui en arrachent quelques notes et la martèlent jusqu'à l'abîmer dénaturent l'instrument au moyen duquel des mains fortes et habiles peuvent transformer la terre comme le chimiste transforme ce qu'il peut dans son laboratoire. Chaque chose est bonne à sa place; tout peut être malfaisant mis hors de place ou en désordre.

Ainsi que nous le disions, l'évocation de Esprits et la communication avec eux sont une partie de l'art occulte et doivent être considérées comme telles. La poudre est essentiellement utile en temps de guerre, mais elle est conservée en lieu sûr et soigneusement gardée ; on ne la répand pas à terre afin que chacun, homme, femme ou enfant, puisse, s'il lui plaît, y mettre le feu — et exposer ainsi non seulement leur vie, mais encore celle de leur entourage.

Dans les temps anciens, les occultistes se dévouaient à leur art et les cordonniers se contentaient de faire des souliers. Les Cultes modernes ont changé tout cela, car, puisque les grandes hiérarchies des temps présents refusent de vulgariser cet art et de prêter leur appui à ce nouveau culte, ce nouveau culte est obligé de rechercher l'appui du nombre dans les masses populaires et par suite de se présenter à elles sous le masque séduisant du socialisme, du communisme ou de l'anarchisme, selon les circonstances. D'où il suit que, dans notre siècle éclairé, nous rencontrons de curieux traits de l'audace humaine. Des êtres organiques en forme humaine quittent leurs boutiques où ils ont vendu du poivre mélangé à de la poussière ou du vinaigre mélangé avec de l'eau ou du pain de dernière qualité, ou fabriqué des vêtements et des meubles mal faits, des êtres pouvant à peine lire leurs journaux ordinaires et la littérature à bas prix et ne pouvant parler leur propre langue correctement, se présentent tout endimanchés avec des cols blancs et des bottines vernies pour *instruire leurs semblables* dans l'art occulte ou la théologie.

Quand, dans les siècles à venir, on jugera le xixe siècle tel qu'il est, quand le sectarisme aura à peu près disparu pour faire place à la saine tolérance, rien ne causera plus d'étonnement, de douleur ou d'amusement, selon la disposition de l'étudiant qui lira l'histoire, que cette phase de l'épopée humaine.

Allons, que chacun fasse son métier et les vaches seront bien gardées.

A l'entrée triomphale de chaque nouveau Dieu ou demi-Dieu, la foule le suit en poussant de grands cris, non parce que cette foule comprend l'origine ou la nature du nouveau Dieu ou du demi-Dieu, mais parce que c'est dans la nature des êtres humains d'accourir pour voir et entendre quelque chose de nouveau, parce que probablement, à cause de quelque ancêtre, c'est dans leur nature de suivre un chef comme un troupeau de moutons et parce que le seul fait de suivre un nouveau Dieu, demi-Dieu ou héros et de crier en son honneur les impressionne et leur donne l'illusion qu'ils patronnent ou monopolisent le Dieu, demi-Dieu ou héros. Cette patronisation ou cette monopolisation est comme un baume pour l'égoïsme blessé qui se sent de plus en plus atteint dans le voyage de la vie, parce qu'il est trop grand pour la place qu'il occupe. Ce désordre est comme une blessure sociale continuellement irritée par ceux qui veulent plaire aux peuples dans un but d'ambition personnelle et qui, leur but atteint, les laissent se débrouiller comme ils peuvent. Il est à craindre que cette blessure ne dégénère en gangrène mortelle. Les Dieux, demi-Dieux, rois et gouverneurs, tous les bergers-chefs ou soi-disant tels des troupeaux humains feraient bien de se rappeler qu'ils n'ont pas le droit de leur offrir un nectar et une ambroisie qu'ils ne peuvent leur servir et de leur donner ainsi à jamais du dégoût pour l'herbe et les navets, qu'ils sont responsables des maux qui peuvent en découler. La responsabilité des injustices, des souffrances morales, sociales et physiques restera à jamais sur la conscience, non du Peuple, mais des Dieux, demi-Dieux et de ceux qui se font un marche-pieds du peuple pour arriver à leurs fins. Que chacun remplisse *de son mieux* son office dans la vie et il n'aura ni le temps ni le désir de s'occuper en le dégradant de ce qui ne le regarde pas. Que le roi règne avec la justice et ses princes avec le jugement. Que les hiérarchies occultes et religieuses servent l'autel, c'est-à-dire qu'elles sacrifient continuellement leurs propres instincts animaux en désordre, leur égoïsme, leur orgueil ou leurs habitudes défectueuses ; que le menuisier fasse les pieds de ses tables et de ses chaises de la même hauteur, qu'il rabotte et qu'il scie proprement ; que le cordonnier fasse ses bottines de manière que les pieds de ses clients soient à leur aise, etc.; ainsi les roues de la grande machine sociale tourneront beaucoup plus facilement

CHAPITRE V. — La pluralité des existences. — La doctrine spirite et la réincarnation.

Ici les Esprits supérieurs essaient de prouver qu'il y a un côté sérieux dans le spiritisme, dans ce fait que Pythagore imagina la doctrine de la métempsychose, mais qu'il ne fut pas le père de cette doctrine, qu'on en trouve les traces chez les Indiens et chez les Egyptiens depuis des temps immémoriaux. Disons en passant qu'on ne peut rien savoir du temps préhistorique ; mais l'étudiant en philosophie sait que la doctrine de la métempsychose ne fut pas enseignée même aux temps historiques. Comme conclusion à la thèse de l'antiquité du spiritisme et comme conséquence qu'il y a un côté sérieux dans ce fait, il est dit : « l'idée des transmigrations des âmes était donc une croyance vulgaire admise par les hommes les plus éminents ». — « Une idée ne traverse pas les âges et n'est pas acceptée par les intelligences d'élite sans avoir un côté sérieux ; l'antiquité de cette doctrine (celle de la métempsychose) serait donc plutôt une preuve qu'une objection ».

Cependant, comme on le sait également, *il y a*

entre la métempsychose des anciens et la doctrine moderne de la réincarnation cette grande différence que les Esprits rejettent de la manière la plus absolue la transmigration de l'homme dans les animaux. Donc la doctrine acceptée par les anciens et l'élite des intelligences qui est plutôt une preuve qu'il y a un côté sérieux à la doctrine réincarnationniste est rejetée par les Esprits supérieurs *d'une manière absolue.* Il serait bon que les Esprits supérieurs suivissent un cours élémentaire de logique avant de se mêler d'instruire l'homme. En passant, puisqu'ils regardent le grand philosophe grec comme une autorité, on peut rappeler aux Esprits et à leurs adeptes que ses disciples furent obligés de garder le silence pendant cinq ans avant qu'il fût permis aux plus compétents de parler. Si cette belle règle pythagoricienne avait été suivie, quelle révolution parmi les instructeurs de l'humanité !

Après de longues et faibles considérations sur la réincarnation qui ne peut être prouvée, arrivons aux questions suivantes.

En admettant, selon la croyance vulgaire, que l'âme prend naissance avec le corps ou, ce qui revient au même, qu'antérieurement à son incarnation, elle n'a que des facultés négatives, on demande :

1° Pourquoi l'âme montre-t-elle des aptitudes si diverses et indépendantes des idées acquises par l'éducation ?

Nous répondons : parce que l'éducation enseigne l'art de se servir des cerveaux d'autrui bien qu'à l'occasion de bons spécimens du *genus Homo* préfèrent se servir de leurs propres cerveaux.

2° D'où vient l'aptitude extra-normale de certains enfants en bas-âge pour tel art ou telle science, alors que d'autres restent inférieurs ou médiocres toute leur vie ?

Nous disons : si les psycho-intellectuels, l'élite de l'humanité, sont rencontrés parmi les enfants c'est le résultat de l'hérédité. On peut arguer que, ni le père, ni la mère, ni les ascendants ne possédaient les aptitudes spéciales rencontrées chez l'enfant ; nous répondons : la combinaison et le mélange des aptitudes du père et de la mère dans le laboratoire merveilleux de la dualité qui est une partie de la plus grande de toutes les forces, la force pathologique, peuvent produire ces aptitudes chez l'enfant.

3° D'où viennent chez les uns les idées innées et intuitives qui n'existent pas chez d'autres ?

Dans le chapitre qui traite des « Idées innées » 219), il est demandé quelle est l'origine des facultés extraordinaires d'individus qui, sans étude préalable, semblent avoir l'intuition de certaines connaissances, comme les langues, le calcul, etc.

Cette simple constatation que ces cas sont extraordinaires prouve qu'ils ne sont pas ordinaires.

4° D'où viennent chez certains enfants ces instincts précoces de vices ou de vertus, ces sentiments innés de dignité ou de bassesse qui contrastent avec le milieu où ils sont nés ?

Un enfant, pendant son existence embryonnaire, peut recevoir de la mère un stigmate moral comme il reçoit assez fréquemment un stigmate physique. Une impression forte et soudaine sur le moral d'une mère sensitive peut laisser son empreinte sur le moral de l'être embryonnaire qui vit de la vie de la mère, comme une impression forte et soudaine sur le corps physique peut laisser son empreinte sur l'enfant. D'ailleurs, il est possible que le père d'un enfant exceptionnel ne soit pas le père des autres.

5° Pourquoi certains hommes, abstraction faite de l'éducation, sont-ils plus avancés les uns que les autres ?

Pourquoi tel chat attrape-t-il les souris mieux que tel autre ? Devons-nous inférer que le matou supérieur est un chat réincarné ?

6° Pourquoi y a-t-il des sauvages et des civilisés ?

Si vous prenez un enfant hottentot à la mamelle et que vous l'éleviez dans nos lycées les plus renommés, en ferez-vous un Laplace ou un Newton, répondent les Esprits ?

En raison des transformations séculaires et des circonstances diverses, plusieurs parties du monde avec leurs habitants furent autrefois civilisées, mais sont actuellement considérées comme sauvages et *vice-versâ.* Quant à la question relative au bébé hottentot, tous ceux qui ont vécu dans le milieu hottentot et l'ont *aimé* connaissent le bon cœur de ces humains, leur honnêteté et leur fidélité. Mais il est probable, selon la doctrine spirite, que tandis que l'âme a son siège principal dans le cerveau de l'étudiant et de l'humaniste, l'âme du philanthrope a, elle, son siège principal dans le cœur ; il en est de même de l'âme du Hottentot. Quant à Laplace et à Newton, il n'est pas encore prouvé que les sphères furent formées originairement de la concentration des gaz (dont l'une des propriétés immuables est l'élasticité) au milieu de l'éther et qu'il existe une force ayant la propriété remarquable et exceptionnelle de diminuer en traversant l'impondérable et l'espace illimité sans cependant jamais cesser. Peut-être le grand cœur du bébé hottentot leur eût enseigné qu'il aurait mieux valu s'abstenir d'*éclairer* l'homme de cette façon.

Nous laissons les questions posées à la page 103 non suivies d'observations, *car rien ne prouve l'immortalité des hommes collectivement.*

Nous passons à la page 107 où nous trouvons les paroles de l'Incarné de Bethléem (dont la doctrine, ainsi que nous l'avons démontré, est opposée à la doctrine spirite) citées comme faisant autorité et comme appuyant le réincarnationnisme, paroles qui méritent une telle confiance « qu'elles ne peuvent laisser aucun doute ».

Voici ce qu'on lit dans l'Evangile selon St-Jean, chap. III (Il ne faut pas oublier que Saint-Jean l'évangéliste est un des Esprits supérieurs qui a collaboré au livre dont on parle).

Jésus répond à une question de Nicodème : « En vérité, en vérité, je te le dis, si un homme *ne naît pas* de nouveau, il ne peut voir le royaume de Dieu. »

Nicodème : « Comment un homme peut-il naître quand il est vieux ? Peut-il rentrer dans le ventre de sa mère et naître une seconde fois ? »

Jésus : « En vérité, je te dis que si un homme ne naît d'eau et d'esprit, il ne peut entrer dans le royaume de Dieu. Ce qui est né de la chair est chair et ce qui est né de l'esprit est esprit. Ne t'étonne point de ce que je te dis, il faut que vous naissiez de nouveau. »

Ici l'Incarné par qui toutes choses furent faites et qui par conséquent doit en connaître la nature et les capacités, répond à la question matérialiste, mais pleine de sens de Nicodème en disant : « Ce qui est né de l'esprit est esprit, » ce qui revient à dire que toute chose conserve sa nature propre. Or ni l'eau ni l'esprit ne peuvent être considérés comme étant de la chair, l'eau étant une partie cosmique moins dense que la chair et l'esprit une autre partie cosmique moins dense que l'eau. Les paroles de l'Incarné ne peuvent avoir aucun rapport avec la réincarnation, la réincarnation qui veut qu'un être reprenne la chair, alors que cet être était au commencement eau et esprit.

Tout lecteur non prévenu en conviendra.

Une autre allusion supposée à la doctrine de la réincarnation est l'histoire de l'homme né aveugle (Matt. XVI, V. 13 — 14). Comme Jésus passait, il vit un aveugle de naissance. Les disciples lui demandèrent : « Maître, qui a péché ? Est ce cet homme ou son père ou sa mère pour qu'il soit ainsi aveugle ? » — Jésus répondit. « Ce n'est point qu'il ait péché, ni son père ni sa mère ; mais c'est afin que les œuvres de Dieu soient manifestées en lui. »

Voilà donc un homme né aveugle à cause d'une mission spéciale « pour que les œuvres de Dieu soient manifestées en lui, » né exprès pour fournir à l'Oint l'occasion de le guérir et manifester ainsi sa puissance, de même que Jean Baptiste naquit pour lui préparer les voies. — Cet homme était une incarnation.

Ainsi que nous l'avons observé, la réincarnation fut regardée par les Cultes es plus anciens comme une exception, mais non comme une règle.

(339) *Question.* — « Le moment de l'incarnation est-il accompagné d'un trouble semblable à celui qui a lieu à la sortie du corps ?

Réponse. — « Beaucoup plus grand et surtout plus long. A la mort, l'esprit sort de l'esclavage, à la naissance il y rentre. »

Celui qui étudie l'être humain, dès sa naissance, celui qui est doué d'une intelligence saine et d'un organisme sain, sait que la raison et la seule raison pour laquelle l'enfant manifeste de la douleur à sa naissance et qu'il parait moins content que les petits des animaux, c'est que son enteurage est différent de celui des petits. Comparez, par exemple, un bébé et un petit chien. A la première période de leur existence, le petit chien est libre de bouger et de prendre sa nourriture quand et comme il lui plaît, parce que la mère, pendant les premiers jours, ne quitte pas ses petits. Le bébé au contraire est étroitement emmaillotté et nourri à heures fixes ; souvent on lui donne à boire ce qui lui répugne. En outre, le petit chien est toujours avec sa mère qui le réchauffe et lui communique ainsi sa chaleur vitale. Le bébé des parents riches est mis dans un berceau du « dernier smart » il y est emmaillotté, serré parmi les dentelles, le satin et les falbalas, il est privé de cette chaleur animale de la mère.

Placez un petit chien dans les mêmes conditions ; bandé, piqué par une épingle chaque fois qu'il bouge, emprisonné dans une boîte, loin de sa mère, n'ayant à boire que ce qui lui répugne, et ce petit chien sera « accompagné d'un trouble » semblable à celui du bébé.

Les bébés en bonne santé, à qui on permet de suivre leurs propres inclinations, sont des créatures aussi confortables que les petits des animaux en bonne santé, voilà tout. Le trouble manifesté par le bébé n'a rien à faire avec l'esprit, il est purement physique.

CHAPITRE VI. — Ce chapitre s'étend du nº 223 au 329 et on y trouve traité les sujets suivants :

1º. Esprits errants.
2º. Mondes transitoires.
3º Perceptions, sensations et souffrances des Esprits.
4º Essai théorique sur la sensation chez les Esprits.
5º Choix des épreuves.
6º Relations d'outre-tombe.
7º Rapports sympathiques et antipathiques des Esprits.
8º Souvenir de l'existence corporelle.
9º Commémoration des morts, funérailles.

Nous passons la plupart de ces sujets sous silence, parce qu'on ne rencontre que des hypothèses sans logique et de la fantasmagorie.

A l'égard de la doctrine des Esprits supérieurs sur la « vie spirite » nous ne pouvons dire que ceci: il n'y a aucune base logique. C'est comme si une personne voulant faire une conférence sur les mathématiques venait dire d'abord à ses auditeurs : qu'il soit entenu d'avance qu'un carré est une figure à trois côtés seulement, et cela convenu, vous pourrez facilement accepter ma théorie.

Hé bien, d'accord avec les vrais penseurs, nous refusons catégoriquement d'accepter le carré à trois côtés ; par conséquent, tout ce qui repose sur cette base est nul et non avenu.

Mondes transitoires, mondes stériles, tels que fut le nôtre pendant sa formation, bivouac pour les Esprits errants (236); ce qui se passe entre Dieu et les Esprits; comment les Esprits se condèrent les uns les autres; les lois et règles qui concernent leur monde; ce qu'ils savent et ce qu'ils ne savent pas, autant de pauvretés qu'on rencontre dans ce chapitre, autant de choses *sans la moindre utilité pour l'homme, alors même que toutes les assertions ou tous les récits des Esprits supérieurs seraient exacts.*

L'homme, dans son propre intérêt, doit se cramponner à la terre de toute sa force et s'efforcer, par la conservation en bon état du corps, de retenir le *moi* et de le garder intact, puis de développer tous ses états d'être et cela continuellement — tout le reste étant comparativement du temps perdu et de l'intelligence gaspillée.

L'information (227) que les Esprits errants s'instruisent en écoutant les discours des hommes éclairés est très intéressante.

CHAPITRE VII. — Retour à la vie incorporelle. — Preludes du retour.

Question (330). — « La réincarnation est donc une nécessité de la vie spirite comme la mort est une nécessité de la vie corporelle ?

Réponse. — Assurément, il en est ainsi. (339). A la mort, l'Esprit sort de l'esclavage, à la naissance, il y rentre. »

— Quant à la nécessité de la réincarnation, que les Esprits en jugent à leur gré; pour nous, nous estimons et nous sommes fondés à le faire, que la mort n'est pas une nécessité de la vie corporelle, que la perte du corps n'est pas conforme à la volonté de Dieu, le Formateur de l'homme psycho-intellectuel, et que la seule connaissance qui vaille la peine d'être acquise est celle de la conservation de la vie corporelle. Le but de tout chercheur occulte doit être de retrouver le chemin de l'arbre symbolique de la Vie (ce qui ne peut être fait que dans la vraie dualité de l'être) et ensuite de manger des fruits de cet arbre pour vivre éternellement.

Nous comprenons que, si ce but était atteint, les Esprits supérieurs seraient lésés, parce que l'immortalité de l'homme leur ôterait toute occasion de s'approprier les corps nerveux non enveloppés ou imparfaitement enveloppés de ceux qui perdent leur « enveloppe charnelle » ou des sensitifs privés de protection efficace et dont les corps nerveux sont accessibles en partie aux Esprits supérieurs. Mais que voulez vous, il y a un vieux proverbe : « Le fosseyeur dit qu'il faut que l'un meure pour que l'autre vive ».

La vie terrestre est la plénitude de l'être. Il est vrai que les Esprits supérieurs ont constaté qu'il y a des extatiques qui sont fascinés par des Esprits faux et ceux-là (les extatiques) a l'approche de la transition, sont capables de s'en réjouir, parce qu'ils sont trompés et fascinés par les Esprits. Le système nerveux peut être épuisé par une agonie physique longue et excessive et les victimes de pareilles souffrances peuvent accueillir la transition comme le moyen d'échapper à la torture physique ; mais ordinairement tout être organique regarde la mort comme le pire des maux. La naissance n'est pas l'entrée dans l'esclavage pour le psycho-intellectuel; elle est le perfectionnement de l'être, et les hommes en général considèrent la naissance comme un événement heureux, et la transition comme un malheur et un deuil. Voyons les choses *comme elles sont*, logiquement et pratiquement. Que dirait le lecteur si, après avoir perdu un être aimé, il recevait le jour suivant des lettres et des cartes ainsi conçus : « Nous vous offrons nos félicitations sincères à l'occasion d'un évènement qui met fin à l'esclavage de votre femme, enfant ou ami ». — Que penserait-on s'il annonçait la perte de la façon suivante : « Cette nuit, j'ai eu le plaisir de voir ma femme ou mon enfant s'échapper de l'esclavage, et tel jour, à telle heure, j'enterrerai ou j'incinérerai l'enveloppe charnelle qui lui a été un si grand obstacle ; votre assistance à cette heureuse occasion est sollicitée. Le dîner aura lieu à 7 heures, ensuite feux d'artifices, illuminations et bal ».

Que dirait le lecteur si, après avoir annoncé la naissance d'un fils, il recevait des visites de personnes aux figures lugubres et des lettres à bordure noire, s'il entendait ou lisait ceci : « Nous nous empressons de vous offrir nos condoléances sincères et de vous exprimer nos regrets que vous et madame votre épouse, ayez été assez malheureux pour aider et encourager l'esclavage ».

Des théories psychologiques masquées de mysticisme sont, comme toutes les autres théories, capables d'être avalées en gros par les individus qui ont l'habitude de vivre du cerveau d'autrui, mais que ceux qui ont le cerveau en bon état et qui ont la volonté et le pouvoir de s'en servir considèrent combien est dangereuse la pratique de cette « doctrine spirite ».

Les fosseyeurs spirites crient : Meurs, meurs,

il faut mourir. — Mourez pour que nous vivions. — Donnez nous d'abord vos organes, puis votre système nerveux, ensuite votre corps nerveux, et après cela tout ce que vous voudrez en plus ; réjouissez-vous de rejeter ce qui vous appartient, nous serons heureux de protéger vos possessions, de nous les approprier même jusqu'à la perte finale de l'être dans l'Esprit pur.

Union de l'âme et du corps — Facultés morales et intellectuelles

Cette partie (Nos 314 à 366) repose sur le système du carré à trois côtés. Nous refusons d'accepter la théorie des Esprits, savoir que l'amour de la femme, des enfants, du *home* a pour but la production des enveloppes charnelles à l'usage des Esprits supérieurs ou inférieurs, mauvais ou follets. *La seule pensée même est un sacrilège.*

Influence de l'organisme

Question (368). Les facultés de l'esprit s'exercent t-elles en toute liberté après son union avec le corps ?

Réponse. L'exercice des facultés dépend des organes qui leur servent d'instruments, elles sont affaiblies par la grossièreté de la matière.

Question. D'après cela, l'enveloppe matérielle serait un obstacle à la libre manifestation des facultés de l'esprit comme un verre opaque à la libre émission de la lumière?

Réponse. Oui, et très opaque.

— Supposons que le désir des Esprits supérieurs soit rempli et que tous les hommes deviennent des *enveloppes charnelles possédées* par eux. Ces Esprits seraient alors les pires des ingrats.Ils enseignent que c'est seulement par le travail du corps que l'esprit peut acquérir la connaissance, que c'est par les épreuves subies dans le corps qu'il acquiert la perfection, et cependant ils dédaignent, en le couvrant d'opprobres,le corps qui est le seul moyen pour obtenir cette connaissance et cette perfection.

Ces esprits nous font souvenir des Arabes et de leurs ânes. Les ânes les portent avec leurs fardeaux, ils labourent, et les Arabes les dédaignent, les privent de nourriture, les maltraitent et les blessent. Il est vrai que les sens des hommes sont peu développés, grâce à l'enseignement des dieux, demi-dieux et Esprits supérieurs dont le but a été et est encore de les subjuguer; mais *rien n'est perdu.* Que le psycho intellectuel s'éveille à la vérité, qu'il reconnaisse qu'il a été formé pour l'immortalité sur la terre et qu'il développe ses sens dont les capacités sont sans limites, et le corps deviendra rapidement transparent. Si la Puissance et ses Esprits traitent ainsi l'enveloppe charnelle (sans laquelle l'homme n'existerait pas) et s'ils ne peuvent maintenant que faire des offres tentantes d'un protectorat, que serait l'état de l'homme, s'ils arrivaient à sa domination ?

En garde, O homme, en garde !

Idiotisme — Folie

Question (371). L'opinion selon laquelle les crétins et les idiots auraient une âme d'une nature inférieure est-elle fondée ?

Réponse. Non, ils ont une âme humaine souvent plus intelligente que vous ne pensez et qui souffre de l'insuffisance des moyens qu'elle a pour communiquer, comme le muet souffre de ne pouvoir parler.

Question (372). Quel est le but de la Providence en créant des êtres disgraciés comme les crétins et les idiots ?

Réponse. Ce sont des Esprits en punition qui habitent des corps d'idiots. Ces Esprits souffrent de la contrainte qu'ils éprouvent et de l'impuissance où ils sont de se manifester par des organes non développés ou détraqués.

— Si Allan Kardec et les « divers médiums » eussent vécu un demi-siècle plus tard et qu'ils eussent pris connaissance de la belle découverte des chirurgiens français (qu'ils en soient honorés à jamais) qui ont reconnu que beaucoup d'idiots le sont simplement à cause du défaut d'expansion du crâne et qu'en remédiant à ce défaut l'idiot cesse d'être idiot, les Esprits supérieurs n'eussent pas osé ainsi injurier Dieu.

Question (375). Quelle est la situation de l'esprit dans la folie ?

Réponse. L'esprit à l'état de liberté, c'est-à-dire n'étant plus dans le corps, *exerce directement son action sur la matière !!*

— La preuve que l'Esprit ne peut exercer directement son action sur la matière, c'est que, sans l'intermédiaire de médiums organiques matériels, les Esprits sont impuissants à agir sur la matière A l'égard de cette assertion que, quoique l'esprit puisse finir, quand la folie a duré longtemps, par être lui-même influencé par la répétition des actes de folie, il est délivré par sa complète séparation de toute impression matérielle, l'examen de la doctrine spirite nous fait douter de son exactitude. Il est vrai qu'on nous dit (377) que l'Esprit peut se ressentir du dérangement de ses facultés quelque temps après la mort ; mais les Esprits supérieurs présentés au lecteur par l'auteur du *Livre des Esprits* et par *divers médiums* ont, à l'exception de Franklin, subi la transition depuis longtemps ; de plus, l'histoire n'a pas parlé de l'aberration mentale de Socrate, Platon, Saint-Vincent de Paul, Fénelon, etc. Il nous reste, il est vrai, le personnage non historique l'*Esprit de Vérité.* Peut être est-ce lui qui se ressent encore du dérangement de ses facultés. Nous désirons croire tout ce qui est croyable et nous ne voyons pas de raison pour douter, après l'étude assidue de certaines thèses enseignées par les esprits, que *l'Esprit de Vérité* fût tout à fait *compos mentis*.

Il y a une espèce d'imbécilité dont la cause n'est ni « la punition de Dieu » ni le rétrécissement du crâne, c'est celle qui est causée par la lutte intellectuelle constante des sensitifs contre les Esprits qui essaient de les fasciner et de les subjuguer.

De l'enfance

Instruction des Esprits (385). Vous ne connaissez pas le secret que cachent les enfants *dans leur innocence*. Vous ne savez ce qu'ils sont ou ce qu'ils ont été, ni ce qu'ils seront. « Le savez-vous ? » Non; c'est cela que je vais vous expliquer. Les enfants sont des êtres que Dieu envoie dans de nouvelles existences pour qu'ils ne puissent pas lui reprocher une sévérité trop grande. *Il leur donne toutes les apparences de l'innocence, même chez un enfant d'un mauvais naturel* (un mauvais esprit dans l'enveloppe charnelle) ou couvre ses méfaits de la non conscience de ses actes. Cette innocence n'est pas une supériorité réelle sur ce qu'il était avant... *parce que l'amour de leurs parents est nécessaire à leur faiblesse, et cet amour serait singulièrement affaibli par la vue d'un caractère acariâtre et revêche, tandis que, croyant leurs enfants bons et doux, ils leur donnent toute leur affection et les entourent des soins les plus délicats.*

Ainsi, selon la doctrine spirite, *Dieu exploite les facultés les plus sacrées, les plus saintes de l'homme et de la femme, c'est-à-dire l'amour pour leurs enfants, afin de favoriser les désirs des mauvais esprits et de les protéger*, et pour accomplir son dessein, *pour mieux tromper les parents*, il les revêt d'une robe d'innocence. Halte-là, Esprits supérieurs ! c'est un peu trop fort. Fussions nous les avocats d'un Dieu quelconque ayant la moindre prétention à la justice ou à la miséricorde, nous vous ferions un procès en diffamation et nous irions jusqu'au tribunal suprême. Il n'y a qu'à attendre encore un peu pour vous envoyer à l'Île du Diable.

Sympathies et antipathies terrestres

(388) « Il y a, disent les Esprits, entre les êtres pensants des liens que vous ne connaissez pas encore. Le magnétisme est le pilote de cette science que vous comprendrez mieux plus tard. »

Certainement l'homme psycho-intellectuel de plus en plus comprendra la nature et les capacités de la force pathotique dont le magnétisme est une partie, mais c'est aux chefs de l'occultisme qui embrasse tous les autres *ismes* et aux étudiants dévoués du magnétisme théorique et pratique que nous devons cette connaissance, et non aux Esprits supérieurs, car il est peu probable que ceux-ci (même s'ils avaient le pouvoir de nous éclairer) nous instruisent dans cet art, parceque la connaissance de cette force pathotique et sa mise en pratique seront le principal moyen par lequel l'homme se libérera de toute mauvaise influence extérieure et conquerra tous ses droits.

Oubli du passé

Question (392). Pourquoi l'esprit incarné perd-il le souvenir de son passé ?

Réponse. L'homme ne peut ni ne doit tout savoir. Dieu le veut ainsi dans sa sagesse.

— A jamais, à tout jamais, *Dieu l'ennemi* de l'homme ! voici qu'après avoir revêtu un mauvais Esprit d'une robe d'innocence pour tromper les parents, il lui fait perdre le souvenir de son passé, afin que pratiquement toute son expérience lui soit inutile. Si c'est là la sagesse des Dieux des esprits supérieurs, à bas de tels Dieux et hourra pour la Divinité qui formait l'homme pour qu'il eût la domination sur la terre, en le dotant de tout ce qui lui était nécessaire pour son office et en le bénissant.

Question (398). L'homme peut-il commettre dans une existence des fautes qu'il n'a pas commises dans les existences précédentes ?

Réponse. Il peut être entraîné à de nouvelles fautes. L'esprit peut avancer ou s'arrêter, mais il ne recule pas.

— Selon cet enseignement, tandis que l'acquisition de nouvelles vertus fait avancer, l'acquisition de nouveaux vices ne fait pas rétrograder. Pourquoi ? A l'égard de l'affirmation « l'esprit peut s'arrêter » rien de plus faux. Rien dans le Cosmos n'est stationnaire, c'est contre toutes les lois naturelles.

CHAPITRE VIII. — Emancipation de l'âme.— Le sommeil et les rêves

Question (400). L'Esprit incarné demeure-t-il volontiers dans son enveloppe corporelle ?

Réponse. C'est comme si tu demandais au prisonnier s'il se plaît sous les verrous.

S'il en est ainsi, quel drôle de goût ont ces Esprits qui, quoiqu'ils aient des corps à eux, aspirent sans cesse à la délivrance et dont l'unique but cependant est de rentrer dans leur prison, le corps de l'homme ! Par cela, on voit que le corps de l'homme, qu'ils veulent faire considérer comme un fardeau, est pour eux le salut, ce qui prouve encore une fois que tout développement, tout progrès ne s'acquiert que dans le corps.

Quant à la thèse sur le sommeil et les rêves, elle est basée sur cette considération que le sommeil, qui est l'immobilité du corps, est ainsi que tout ce qui affaiblit le corps comme une émancipation de l'esprit « qui parcourt l'espace et entre en communication plus directe avec les autres Esprits. »

Dans le nº 407, on lit : Dès qu'il y a prostration des forces vitales, l'esprit se dégage, et plus le corps est faible, plus l'esprit est libre. » — Toujours la séparation, Dieu ennemi de l'homme, l'esprit ennemi du corps.

« L'esprit tient au corps pendant le sommeil comme un ballon captif tient au poteau. L'activité de l'esprit réagit sur le corps et peut lui faire éprouver de la fatigue.»

(412) — « L'esprit est souvent bien loin de suivre la volonté de l'homme, car la vie de l'homme intéresse peu l'esprit quand il est dégagé de la matière comme dans le sommeil. »

Mais, selon la doctrine spirite, sans l'union de l'esprit et du corps, il n'y a point d'homme, ce n'est qu'un poteau charnel auquel le ballon Esprit tient par une corde tendue ; il s'ensuit donc qu'un homme n'est un homme que pendant qu'il est éveillé. — Dans le sommeil il n'est plus homme!!

Dans les moments de surexcitation, l'homme extériorise des parties d'être, lesquelles sont plus ou moins fournies par la vitalité et peuvent ainsi retenir l'individualité. Quelquefois ces parties d'être, enveloppées des effluves humains, ne reviennent pas, et dans le sommeil le dormeur peut rencontrer ces êtres ou parties d'être qu'il a extériorisées, c'est ainsi qu'il voit, entend beaucoup de choses dont il est inconscient à l'état de veille. Ainsi il arrive que certaines personnes se voient fréquemment flotter ou voler dans l'air, converser avec des individus inconnus, parler à un auditoire, etc.

Ce que nous venons de dire ne s'applique en aucune façon aux sensitifs, voyants, prophètes ou autres dont les états d'êtres sont extériorisés pendant le sommeil normal ou pendant le repos de la contemplation ou encore pendant la trance. Il y a aussi des rêves symboliques, mais ceux-ci également appartiennent aux sensitifs.

Les rêves ne durent ordinairement que deux ou trois secondes, et si l'on voit, entend, ou sent tant de choses pendant ce court espace de temps, qui paraît bien plus long, c'est parce que pour l'effluve humain ainsi que pour la force pathotique, il n'y a ni temps ni espace. Après avoir rêvé le dormeur se trouve souvent épuisé, c'est le résultat de la perte d'effluves et de force pathotique employés au fonctionnement de ces parties d'être au détriment du corps qui ainsi n'en a plus en suffisante quantité pour ses propres besoins.

Léthargie, catalepsie, mort apparente

(422) La catalepsie est un état dans lequel les sens ne sont plus en communication directe avec le cerveau, et c'est pourquoi le cataleptique ne voit, n'entend et ne sent rien (on en a fait la preuve maintes fois). Les sujets peuvent être piqués, pincés, torturés sans avoir conscience du mal infligé. Le cerveau étant le siège de la sensation, il en résulte que, quand la communication entre les organes des sens et le cerveau est coupée, les organes des sens fonctionnent plus ou moins imparfaitement et par suite la sensation est supprimée, etc.

L'assertion (422) qu'il y a en l'homme autre chose que le corps (si en parlant du corps on entend désigner l'enveloppe charnelle) n'a pas besoin de preuve, puisque les matérialistes et les scientistes reconnaissent en appuyant leurs données sur des preuves irrécusables, que chaque cellule a son âme et que les cellules d'âme et les âmes de cellules ont leur intelligence et leur volonté, qu'elles peuvent s'en servir pour des formations d'êtres.

(423-424). « Dans la léthargie, le corps n'est pas mort ; l'Esprit est uni au corps tant que celui ci vit ; une fois les liens rompus par la mort réelle et la désintégration des organes, la séparation est complète ; quand un homme qui a les apparences de la mort revient à la vie, c'est que la mort n'est pas complète; par des soins donnés en temps utile, on peut aider la vie et prévenir la mort ; le magnétisme rend au corps le fluide vital ». Toutes ces choses dites sérieusement par les Esprits sont connues de tout le monde. Tout le monde sait que, si un homme est vivant, il n'est pas mort et que, s'il est mort, il n'est pas vivant, que des soins intelligents peuvent conserver la vie.

Question (430). Puisque la clairvoyance du somnambule est celle de son âme ou de son esprit, pourquoi ne voit-il pas tout, et pourquoi se trompe-t-il si souvent ?

La réponse attribue ces fautes tout d'abord aux clairvoyants. « Vos esprits imparfaits ne peuvent tout voir et tout connaître. Tu sais bien qu'ils participent encore de *vos erreurs et de vos préjugés.*» — Puis elle les attribue à Dieu « qui a donné à l'homme cette faculté dans un but utile et sérieux et *non pour lui apprendre ce qu'il ne doit pas savoir*. Voilà pourquoi les somnambules ne peuvent tout dire.

Remarquons combien la réponse des Esprits supérieurs est subtile et maligne. Nous savons pertinemment qu'il y a beaucoup de clairvoyants bien connus pour leur sincérité et qui n'ont d'autre souci que de dire la vérité, de décrire exactement ce qu'ils voient ou entendent. Cependant, malgré leur bonne volonté, ils ne sont pas toujours exacts. Et pourquoi? Parce que ces êtres qui se présentent comme des grands amis de l'humanité, s'ils s'aperçoivent que des sensitifs sont envoyés parmi eux pour découvrir quelque chose, *ils font tout leur possible pour les tromper* en leur présentant de faux tableaux et même quelquefois ils prennent possession de leurs organes et parlent par leur bouche pour dire des mensonges. Ce n'est pas la faute des clairvoyants qui ne sont responsables que de ce qu'ils font. Cela, nous l'avons maintes fois rencontré, et nous avons maintes fois démontré à ceux qui ont charge de sensitifs la nécessité de les protéger contre les machinations de ces *amis de l'humanité*. Quant à la raison pour laquelle le clairvoyant ne voit pas tout, on pourrait demander aussi pourquoi un verre ne peut contenir les eaux de l'océan.

Question (431). Quelle est la source des idées innées du somnambule et comment peut il parler avec exactitude de choses qu'il ignore à l'état de veille et qui sont même au-dessus de sa capacité intellectuelle ?

— L'imperfection de l'enveloppe n'est pour rien dans l'état somnambulique. Quand le clairvoyant est entrancé, c'est le magnétiseur qui le soutient et lui donne la force vitale, en sorte que l'état d'être qui est extériorisé ne dépend pas de la force physique du sensitif. L'état extériorisé étant ainsi libre et indépendant, se développe beaucoup plus rapidement que dans la veille, *à cause* de cette indépendance, et il voit, entend et comprend selon ses propres capacités, capacités afférentes à cet état.

Question (434). Les facultés dont jouit le somnambule sont-elles les mêmes que celles de l'esprit après la mort ?

Réponse. « Jusqu'à un certain point, car il faut tenir compte de l'influence de la matière à laquelle il est encore lié. »

— Entre l'état de clairvoyance des vivants et l'état de clairvoyance de ceux qui ont subi la transition, il n'y a rien de commun. En général, ceux qui ont subi la transition perdent non seulement le corps, mais l'état intermédiaire entre le corps et l'âme, c'est-à-dire le corps nerveux ; il y a, par conséquent, séparation et toute influence matérielle est impossible, tandis que les clairvoyants jouissent de ces états, puisqu'ils peuvent être développés dans l'état du corps nerveux et y être perfectionnés. C'est ainsi qu'ils peuvent voir, entendre, sentir et savoir ce que les *décédés* ne peuvent pas.

Question (437). Puisque c'est l'âme qui se transporte, comment le somnambule peut-il éprouver dans son corps les sensations de chaud ou de froid du lieu où se trouve son âme et qui est quelquefois très loin de son corps ?

Dans la réponse, les liens unissant l'âme et le corps du clairvoyant sont comparés au fil électrique au moyen duquel communiquent deux personnes l'une avec l'autre « comme si elles étaient l'une à côté de l'autre. »

La comparaison est pauvre et sans force, puisque les deux personnes qui communiquent par l'électricité ne transmettent pas leurs sensations

Question (439). Quelle différence y a-t-il entre l'extase et le somnambulisme ?

Réponse. C'est un somnambulisme plus épuré, l'âme de l'extatique est encore plus indépendante.

— Tous ceux qui ont quelque connaissance de l'occultisme et principalement de la pratique du magnétisme savent que l'extase est le cinquième degré de trance, et que, pour les clairvoyants arrivés à ce degré, rien de ce qui se passe dans les degrés inférieurs et notamment dans le degré de matérialité n'est visible.

Question (440). L'Esprit de l'extatique pénètre-t-il réellement dans les mondes supérieurs ?

Réponse. Oui, il les voit, il comprend le bonheur de ceux qui y sont et c'est pourquoi il voudrait y rester.

— Nous connaissons beaucoup d'extatiques qui ne demandent pas mieux que de revenir à leur état normal. Nous savons aussi que les spectacles fascinants que voient si fréquemment les extatiques sont souvent irréels, parce qu'ils sont machinés et agencés de façon à les séduire et leur persuader d'y rester, malgré la volonté du magnétiseur... Et pourquoi ? Parce que la perte de « l'enveloppe charnelle » et du corps nerveux pour l'extatique est un gain pour les Esprits.

La conservation de soi-même est la première loi de nature, et il n'y a personne, dans quelque degré que ce soit, qui désire perdre son individualité. Aucun homme d'intelligence saine ne se suicide ; aucun extatique, bien protégé, ne désire perdre des états d'être et son existence matérielle. Mais ceux qui étudient la doctrine des Esprits supérieurs observeront que son but principal est de persuader à l'homme de sacrifier la perfection du moi. C'est ainsi que le corps est une « prison dont l'âme se réjouit d'être libérée », et quand les extatiques entrent dans les mondes supérieurs, ils « voient et comprennent le bonheur de ceux qui sont là et désirent y rester », et les Esprits perfectionnés sont si complètement libérés de cette matière (si terriblement incommode) qu'il n'y a plus aucune limite entre eux et l'« Esprit pur ».

Ainsi les Esprits enseignent : « Ton esprit est tout, ton corps un vêtement qui se pourrit, voilà tout. » La nécessité de la mort une fois inculquée chez l'homme, ici-bas, la Puissance, les dieux, demi-dieux et les Esprits continuent à inculquer cette idée, en suggestionnant l'homme dans l'état du corps nerveux, et ils agissent de la même façon dans les états plus raréfiés, jusqu'à ce qu'il soit finalement « épuré », si parfaitement que l'Esprit pur daigne se l'*annexer définitivement*, et cela d'une façon si complète qu'il ne reste plus rien pour qu'on puisse démontrer qu'il fut jamais un être individuel.

Il est vrai que les Esprits supérieurs affirment que l'homme peut entrer en communication avec l'Esprit pur, quoiqu'ils enseignent qu'il n'y a pas de différence entre l'Esprit pur et les purs Esprits ; mais le *pur Esprit* est hors de la pensée, même pour l'homme. Le Cosmique cause sans cause qui est pur esprit en activité, enveloppait ses attributs avec la matérialité, avant qu'ils pussent toucher la matière proprement dite.

La remarque des Esprits concernant l'extatique, quand ils disent que « s'il cherche à briser la chaîne qui le retient ici, ce serait le vrai moyen de ne pas rester là où il serait heureux » trahit le danger caché et indique suffisamment que la conservation du corps est nécessaire pour le bonheur de l'âme.

(443.) La raison donnée pour expliquer le fait que l'extatique voit ce qui n'est pas réel, c'est-à-dire parce que « son esprit est toujours sous l'influence des idées terrestres ou de ses préjugés » est inexacte. Les extatiques n'ont pas de préjugés, d'idées sur les croyances terrestres qui puissent les faire errer, parce que dans l'état d'extase ils n'ont aucune conception de la terre, et, s'ils ont de ces conceptions, ils ne sont pas en extase. D'autre part, l'affirmation qu'un extatique est souvent le « jouet d'Esprits trompeurs » est hélas ! la triste vérité.

(445.) Le conseil donné ici à l'homme « d'étudier ces phénomènes », afin d'y trouver la solution de plus d'un mystère, est admirable. Que le psycho-intellectuel étudie tous les phénomènes spirites, comme il ferait de toute science ou de tout art ; qu'il pénètre les mystères dont les Esprits supérieurs essaient de s'envelopper, et qu'il se souvienne toujours que, dans tout le Cosmos, il y a aucune limite à la connaissance légitime de l'homme, dont l'unique borne est sa propre capacité de connaître tout ce qui est connaissable.

(446.) *Demande.* Les phénomènes du somnambulisme et de l'extase pourraient ils s'accorder avec le matérialisme ?

A cette question, nous répondons que les personnes qui se dévouent aux recherches cosmiques savent qu'il n'y a pas de séparation dans la nature. Tout est matériel jusqu'au pur Esprit, jusqu'à l'état le plus raréfié ; partout où il y a la forme, il y a la matière. Dans l'état le plus dense, partout où il y a la forme organique, il y a la vitalité, la sensibilité, la puissance de volonté et l'intelligence. Quant aux mots *matérialiste* et *athée*, tous les hommes sont dans ce sens des matérialistes, et être athée est loin d'être infidèle, athée signifiant simplement « sans Dieu ». Beaucoup d'athées s'écrient avec le psalmiste royal : « Ainsi que le cerf est assoiffé d'eau pure, ainsi mon âme désire ardemment le Dieu. » Ils sont athées parce qu'ils ne peuvent trouver un Dieu digne d'adoration ; une fois qu'ils l'ont trouvé, ils l'adorent de tout leur être. Il est préférable d'être athée plutôt que d'adorer de faux Dieux. Il vaut mieux être libre et indépendant, garder son

moi intact que de s'offrir ou de permettre qu'on vous offre en holocauste vivant aux dieux de poussière et de mort, aux demi-dieux séparatistes ou à la Puissance et à ses Esprits supérieurs, moyens et inférieurs.

Seconde vue

(449.) *Question.* La seconde vue se développe-t-elle spontanément ou volontairement de la part de celui qui en est doué ?

Réponse. « La volonté y joue un grand rôle. »

Aucun voyant ne voit ce qui est vrai en faisant intervenir sa volonté ; au contraire, pour voir, il faut être passif.

Résumé théorique du somnambulisme, de l'extase et de la seconde vue

(455.) Il n'y a pas de somnambulisme spontané et indépendant. Pour nous servir d'une phrase chère aux Esprits supérieurs : « Tout effet a une cause », tous les prétendus phénomènes du somnambulisme sont produits ou par le magnétiseur ou par des êtres invisibles, ou viennent à la suite de quelque choc ou maladie.

Dans des cas *très rares*, il y a des sensitifs nés voyants.

A propos de la remarque (page 197) des Esprits supérieurs que les somnambules ne peuvent pas assigner à l'âme une origine spéciale et que le sens de la vue n'est pas le foyer de la vision, etc., que ce foyer, s'ils le rapportent au corps, leur semble être dans les centres où l'activité est la plus grande, au cerveau, à l'épigastre, etc., une expérience personnelle faite sur plus de cent sensitifs nous a démontré qu'à l'égard d'un clairvoyant, soigneusement développé et protégé, se trouvant ainsi dans le quatrième degré de la trance, les sens sont plus parfaitement affinés et développés qu'à l'état normal. Tous les magnétiseurs expérimentés savent que, quand un état d'être est extériorisé (nous ne parlons pas des sujets à demi développés), cet état constitue une individualité parfaite qui voit avec les yeux, entend avec les oreilles et se sert en un mot de tous les organes de ses sens. Un sensitif développé et en bonne santé ne s'imaginera jamais qu'il voit par son estomac, qu'il entend par l'épine dorsale, qu'il déguste par le cœur et qu'il sent par le foie. Evidemment les Esprits supérieurs jugent les clairvoyants par comparaison avec eux-mêmes, car, en vérité, eux, les Esprits, n'ont pas d'organes déterminés, définis, c'est pourquoi ils essaient de se loger par un moyen quelconque en quelque partie de l'homme. Ils sont comme des voleurs et des assassins qui, ne pouvant entrer toujours par la porte, entrent par la fenêtre ou la cheminée, ou encore percent un trou dans le mur. Ainsi que le dit le proverbe : « Chacun mesure le blé avec son propre boisseau. »

« Le somnambule, dit-on (page 198), voit à la fois son propre esprit et son corps. »

Le somnambule qui, par nécessité, voit dans la sphère matérielle (autrement il serait un extatique) ne voit pas l'esprit, mais son corps nerveux qui est extériorisé. L'esprit ne peut pas plus *sentienter* (percevoir, sentir, connaître) ce degré dense de matérialité terrestre que les sens physiques ne peuvent *sentienter* les degrés plus raréfiés. On comprend ainsi que, si le clairvoyant discerne les pensées, c'est parce qu'il rencontre un corps nerveux semblable à son propre être extérieur.

— « Dans l'extase (page 199), l'âme pénètre dans un monde inconnu, dans celui des Esprits éthérés, avec lesquels elle entre en communication, sans toutefois pouvoir dépasser certaines limites qu'elle ne saurait franchir sans briser totalement les liens qui l'attachent au corps. »

Ce n'est pas exact. Nous connaissons des extatiques pour lesquels il n'y a pas de limites, qui peuvent tout franchir, malgré l'opposition acharnée des Esprits et tous leurs efforts pour les captiver ou les arrêter, malgré les illusions et les mirages dont ils sèment la route. Le temps n'est pas éloigné où les trucs de ces Esprits, qui désirent tant limiter les capacités de l'homme et le dépouiller, seront percés à jour et mis en pleine lumière.

Tout extatique, fasciné, enivré par « l'éclat resplendissant, par les harmonies inconnues de la terre qui ravissent les sens, par le bien-être indéfinissable qui pénètre », tout extatique qui « jouit par anticipation de la béatitude céleste et met un pied sur le seuil de l'Eternité » serait beaucoup mieux s'il était ramené et s'il gardait ses deux pieds sur le sol terrestre.

Les extatiques ou soi-disant tels doivent plus que tout autre sensitif, être essentiellement positifs, par dessus tout pratiques et se garder de toute sentimentalité. Ce n'est pas pour que leurs sens soient flattés qu'ils entrent dans des sphères plus éthérées, mais pour un but pratique et un sensitif de cet ordre, s'il a une valeur quelconque, ne songera pas plus à satisfaire ses propres sens qu'un soldat ne songerait à écouter complaisamment la musique guerrière des troupes ennemies. Chaque chose a sa saison. Peut-être l'époque viendra où les éclats resplendissants, les harmonies inconnues, les délices indéfinissables et autres choses semblables seront goûtées *ad libitum*, mais présentement nous sommes à la veille de la bataille et c'est notre devoir à tous de servir.

— « Dans l'état d'extase, l'anéantissement du corps est presque complet ».

Si le magnétiseur ne peut donner à son sensitif suffisamment de vitalité, qu'il cesse d'expérimenter, car c'est violer la loi de charité. Un extatique doit toujours être frais et dispos physiquement pendant la trance, et si le magnétiseur possède la connaissance et la puissance nécessaire, il en est toujours ainsi. Une sensitive n'est pas un objet de vivisection, mais une compagne et une collaboratrice de l'homme.

CHAPITRE IX. — Intervention des Esprits dans le monde corporel.. — Pénétration de nos pensées par les Esprits.

Demande (456). — Les Esprits voient ils tout ce que nous pensons ?

Dans leur réponse, les Esprits supérieurs disent qu'ils peuvent le voir et que nous sommes sans cesse entourés d'Esprits; mais qu'ils ne s'occupent que de ce qui les intéresse, que souvent ils connaissent ce que nous voudrions nous cacher à nous-mêmes, que ni actes ni pensées ne peuvent être dissimulés; que, quand nous croyons être bien cachés, nous avons souvent une foule d'Esprits à côté de nous qui nous voient; qu'il y a des Esprits moqueurs, des Esprits follets, des Esprits bienveillants...

D'après cela, la situation de l'homme est vraiment terrible. Non seulement il est exposé à avoir un « mauvais Esprit » ou un « Esprit follet » caché dans son enfant, sa femme ou ses proches, mais encore il est entouré par ces sortes d'Esprits dont l'influence est plus grande qu'on ne le pense, une influence qui affecte à la fois les pensées et les actes (459).

L'homme a des pensées propres et des pensées suggérées et il ne distingue pas les unes des autres. La seule manière de les distinguer (461) consiste en ceci ; la pensée suggérée est comme une voix qui parle en dedans, alors que la pensée propre est généralement impulsive et vague. Les hommes de grande intelligence et de génie ne sont pas exempts de leurs suggestions. Dieu permet aux Esprits d'inciter l'homme à faire le mal afin d'éprouver sa foi et sa constance, et l'homme qui a une tendance à mal faire y est encore aidé par les Esprits inférieurs. Dieu ressemble ainsi à un père qui, en voyant son enfant glisser sur une pente glacée, permet à un autre de lui donner une poussée vigoureuse. Ce Dieu évidemment est du même ordre que celui qui envoyait le serpent ou prenait cette forme pour tenter Eve, qui incitait Abraham à devenir le meurtrier de son fils, Isaac, l'enfant sacrifié et qui l'eut sacrifié si l'envoyé de l'unique Dieu n'avait pas arrêté sa main déjà levée.

On affirme (468-469) qu'il est possible à l'homme de se libérer temporairement de ces Esprits follets ou mauvais; mais toujours « *ils guettent le moment favorable.comme le chat guette la souris* ». Ce Dieu donc permet aux tentateurs de l'homme de le surpasser en ruse et en force, ainsi qu'un chat surpasse une souris, et ni l'homme ni la souris n'ont aucune chance de se sauver, à moins de se cacher dans quelque trou. La souris cependant a plus de chance que l'homme, car les matous quoiqu'ils aiment bien la souris, n'ont pas l'habitude de guetter continuellement, alors que les Esprits follets guettent toujours. Nous conseillons aux adeptes de ce culte de faire cette prière à leur Dieu : « Mon père, quand je m'incarnerai, faites, je vous prie, que je sois une souris et non un homme, car les chats de la terre sont temporaires et ils ont l'habitude de dormir, tandis que les chats spirituels sont éternels et ils ne dorment jamais ».

Les Possédés.

(473) « L'Esprit s'assimile avec un Esprit incarné qui a les mêmes qualités pour agir conjointement, mais c'est toujours l'Esprit incarné qui agit comme il veut sur la matière dont il est revêtu ».

(474) « L'âme peut se trouver sous la dépendance d'un autre Esprit, de manière à en être subjuguée ou obsédée au point que sa volonté en *soit en quelque sorte paralysée* ; mais cette domination ne se fait jamais sans la participation de celui qui la subit soit *par sa faiblesse*, soit par son désir ».

Les deux affirmations que « c'est toujours l'Esprit incarné qui agit sur la matière » et que « l'âme peut se trouver sous la dépendance d'un autre Esprit de manière à en être obsédée » sont absolument contradictoires et en opposition. — Une âme qui est sous la dépendance d'un Esprit ne peut pas agir comme elle veut sur la matière (si quelque autre philosophie ou autre doctrine se contredisait aussi souvent, que penserait-on ?) Quant à la prétendue assurance que « cette domination ne se fait jamais sans la participation de celui qui la subit » nous demandons : si un chat et une souris luttent l'un contre l'autre quelle chance a la souris de vaincre ? La souris est-elle responsable pour sa faiblesse relative ? Les hommes qui furent autrefois assez barbares pour se réjouir des combats qu'ils organisaient dans les arènes entre l'homme et les bêtes fauves et qui aujourd'hui prennent plaisir à assister au combat entre une bête et une autre choisissaient et choisissent les combattants de façon à maintenir entre eux une certaine égalité de force ou de ruse. Il n'y a que Dieu qui permette le combat entre l'homme et le mauvais Esprit, entre le chat et la souris.

Question (475). — « Peut-on soi-même éloigner les mauvais Esprits et s'affranchir de leur domination ? »

Réponse. — « On peut toujours secouer un joug quand on en a la ferme volonté ».

Comment peut-on avoir une ferme volonté, si la volonté est paralysée ? Quelle absurdité !

— « Ne peut-il arriver que la fascination exercée par le mauvais Esprit soit telle que la personne subjuguée ne s'en aperçoive pas ? Alors une tierce personne peut-elle faire cesser la suggestion et dans ce cas quelle condition doit-elle remplir ? »

Les Esprits supérieurs répondent qu'un homme de bien peut appeler de bons Esprits pour l'aider à éloigner les mauvais Esprits, mais que les Esprits bons et mauvais sont également impuissants « si celui qui est subjugué ne s'y prête pas ».

— Ceux dont les cœurs ne sont pas purs ne peuvent avoir aucune influence ; les bons Esprits les méprisent et les mauvais ne les craignent pas ». En vérité, il y a peu de chance pour le possédé ou le subjugué. Il n'est pas capable de s'apercevoir qu'il est fasciné ou subjugué. Comment peut-il recourir à une tierce personne pour qu'elle lui vienne en aide ?

Supposons qu'une personne essaie par sa propre volonté de secourir le possédé ; elle doit avoir le « cœur pur », autrement les Esprits bons la méprisent et les mauvais ne la craignent pas. Pourquoi les Esprits bons doivent-ils mépriser celui qui essaie d'affranchir son semblable des Esprits mauvais ? Puisque, selon la doctrine spirite, la puissance de l'Esprit est en raison de sa pureté, pourquoi les bons Esprits n'aident-ils pas, au lieu de se contenter de le mépriser, celui qui offre son appui ? Un homme bon ne méprise pas celui qui essaie de venir en aide à son semblable. Si un homme tombe dans un puits profond et que son camarade essaie de l'en retirer, que penserait-on de celui qui, se prétendant supérieur à ces hommes, mépriserait le sauveteur sous prétexte qu'il n'a pas le cœur pur ?

Que les spirites qui se disent chrétiens ajoutent une phrase à leurs litanies : « Seigneur, délivrez-nous des bons Esprits. »

— On nous apprend (477-478) que les formules d'exorcisme, loin d'être efficaces sur les mauvais Esprits, les amusent au contraire.

« Il s'en rient et s'obstinent » — Pour les personnes *animées des meilleures intentions et qui n'en sont pas moins possédées*, les meilleurs moyens de se débarrasser des Esprits obsesseurs sont : patience, indifférence, prière. »

Comment, patience et indifférence, quand une canaille de la pire espèce entre non pas dans votre maison, mais en vous-même ! ! !

Prière ? A qui ? N'est-ce pas Dieu qui permet au chat de prendre possession de la souris ?

(480) — « Que faut-il penser de l'expulsion des démons dont il est parlé dans l'évangile ? »

Ici on nous informe que, quand l'influence

d'un mauvais Esprit qui subjugue un individu est détruite, il est véritablement chassé, que si une maladie causée par un démon est guérie, on peut dire que le démon est chassé. Puis on lit ceci, à propos de quoi ? « Une chose peut être vraie ou fausse suivant le sens qu'on attache aux mots. » — « Les plus grandes vérités peuvent paraître absurdes quand on ne regarde que la forme et quand on prend l'allégorie pour la réalité. »

Ici, à propos de l'expulsion des démons par l'Incarné et ses disciples, racontée dans l'évangile, les Esprits supérieurs examinent ce qui peut leur faire du mal; autrement dit « les chats sentent un rat. » Ainsi ils insinuent avec précaution que l'expulsion des démons par l'Incarné et ses disciples peut être vraie ou fausse, allégorique ou réelle, et ils s'empressent de suggérer à leurs adeptes l'idée de fausseté ou d'allégorie Ainsi *sub rosa* les Esprits supérieurs frappent l'Oint et essaient de détacher quelques pierres de l'édifice sur les ruines duquel ils désirent bâtir de nouveau. — Ils donnent coup pour coup.

C'est une chose terrible de voir *faire ainsi des évocations* par n'importe quel individu qui se met dans la tête d'évoquer des Esprits, de voir, dans ce XIXe siècle, qui se vante de ses progrès, des sectaires dont le nombre va en augmentant, qui se précipitent dans le gouffre de l'obsession, de la fascination et la sujétion, qui en un mot perdent leur *moi* et deviennent ainsi des *morts vivants* !

Certes nous ne pensons pas, en écrivant ces lignes, que l'avertissement que nous donnons exercera une influence sur les dévots du spiritisme qui sont plus ou moins complètement guidés. Nous mettons en garde simplement ceux qui pourraient être tentés d'assister à des séances *ordinaires* ou de se livrer aux pratiques spirites. Nous nous servons du mot *ordinaire* avec intention, parce qu'il y a des séances tenues par des chercheurs scientifiques ou des psychologues libres et elles ont un caractère tout différent. L'expérimentation en toute matière est non seulement légitime, mais nécessaire pour les hommes de science indépendants.

— Dans les nos 481 — 551, il est question des *convulsionnaires*; « affection des Esprits pour certaines personnes »; pressentiments; influence des Esprits dans les évènements de la vie; action des Esprits sur les évènements de la nature; influence dans les combats.

A l'égard des pressentiments, des pactes, etc., il n'y a rien d'original; on ne rencontre que de vieilles histoires dont nos trisaïeules faisaient leurs délices.

Anges gardiens, Esprits protecteurs, familiers, ou sympathiques.

A ce sujet, puisque, selon Allan Kardec (*Spiritisme expérimental*, page 309) pour arriver à de telles fins (fascination), il faut un Esprit adroit, rusé et profondément hypocrite, les grands mots de charité, humilité, amour de Dieu, sont pour lui des lettres de créance, car il ne peut donner le change et se faire accueillir qu'à l'aide du masque dont il se couvre; il s'ensuit qu'il vaut mieux éviter tout rapport avec les Esprits. Ceux qui peuvent discerner les Esprits sont peu nombreux dans le monde, et puisque Dieu permet à l'Esprit adroit, rusé et perfide de prendre le masque de la vertu et de prêcher la charité, l'humilité et l'amour de Dieu, il est bien profitable à l'homme et surtout à la femme de ne pas *encourir* l'affection des Dieux et des Esprits.

Ainsi que nous le disions, rien d'efficace ne peut être entrepris sans la force duelle, et l'œuvre qui se présente au psycho-intellectuel est colossale.

Le meilleur ange gardien que l'homme puisse avoir est la sensitive qu'il peut protéger lui-même. Le meilleur protecteur que puisse avoir la femme est le magnétiseur à qui elle appartient. Et quant à l'affection dont on est capable, qu'on la reporte sur ses semblables psycho-intellectuels et sur leurs enfants *non possédés*. Chez quelques peuples asiatiques, c'est une coutume de placer au-dessus de la porte d'une chambre où doit naître un enfant une inscription contenant des sentences ou des conseils de quelque sage, et la mère est l'objet d'une surveillance constante, afin qu'aucun mauvais Esprit ne puisse prendre possession de l'enfant au moment de sa naissance. Que les pères et mères rompent donc complètement avec les Esprits et les Puissances; ils seront ainsi mieux préparés à se garder et à garder leur enfants. Il vaut mieux prévenir un mal que de le guérir.

Nous écartons le vieux conte « des pactes. » Le seul pacte mauvais que puisse faire un homme est celui qu'il peut faire avec la partie la moins parfaite de sa propre nature; nous disons *la moins parfaite* parceque tout est relatif et ce qui paraît un mal peut, *en certaines circonstances*, être un bien.

Pouvoirs occultes. — Talismans. — Sorciers.

Question (551). Un homme méchant peut-il, à l'aide d'un mauvais Esprit qui lui est dévoué, faire du mal à son prochain ?

Réponse. Non, Dieu ne le permet pas.

— Pourquoi, puisque Dieu permet aux Esprits de faire du mal à l'homme, ne permet-il pas à l'homme et à son Esprit dévoué, unis ensemble, de lui faire du mal? Dieu n'est-il pas le protecteur des mauvais Esprits? Il est tellement zélé pour leur bien-être qu'il les revêt d'une robe d'innocence afin qu'ils puissent recevoir les soins nécessaires à leur développement. Si un homme a de la sympathie pour un mauvais Esprit, ils peuvent travailler ensemble pour faire le mal.

(556). *Don de guérir.* « La puissance magnétique peut aller jusques là (guérir), quand elle est secondée par la pureté des sentiments et un ardent désir de faire le bien. »

— Aucune puissance occulte ne dépend de la pureté ou de l'impureté de sentiments ou de désirs. Celui-là seul qui a la connaissance et la puissance nécessaire peut l'exercer, qu'il soit bon ou méchant, et sans cette connaissance et cette puissance, il ne peut rien, fût-il un saint.

Questions (553). Quel peut être l'effet des formules et pratiques à l'aide desquelles certaines personnes prétendent disposer de la volonté des Esprits?

Réponse. Cet effet est de les rendre ridicules, si elles sont de bonne foi; dans le cas contraire, ce sont des fripons qui méritent un châtiment.

— Voici encore que les Esprits supérieurs s'échauffent et manquent de courtoisie.

Evidemment ils se méfient et craignent pour leur sort, dans le cas où leur volonté serait assujettie par celle de l'homme, et à l'avance il font claquer devant lui les fouets du ridicule et du châtiment. Néanmoins, c'est une partie importante de l'Art occulte que celle d'évoquer les Esprits et de les forcer à répondre à l'évocation, de disposer non seulement de leur volonté, mais aussi de tout ce qu'ils possèdent. Nous ne prétendons pas que de tels occultistes soient nombreux comme les étoiles du firmament, mais ils existent, et les Esprits le savent à leurs dépens. Les expressions de *surnaturel, non-permis,* etc., sont pour effrayer les enfants, mais on ne les trouve pas dans le vocabulaire des chercheurs libres en occultisme. Mais ce n'est pas le lieu d'entrer dans le domaine illimité de l'occultisme. Nous ne désirons nullement donner des leçons à qui que ce soit.

La guérison magnétique est tout à fait indépendante des Esprits; et moins les Esprits s'en mêleront, mieux les hommes se trouveront; car les Esprits n'ont pas l'effluve magnétique; et ils ne peuvent rien, si ce n'est d'accaparer celui du magnétiseur. Le magnétisme est une partie importante de l'occultisme; les capacités de l'occultiste sont en raison de sa connaissance et de sa puissance, *et rien ne doit lui être impossible.*

Bénédiction et malédiction

On croirait ici que les Esprits supérieurs sortent d'un temple protestant où l'on entend tous les jours ces mêmes banalités. Les Esprits n'ont pas **assez d'individualité pour être connus sur la terre**

et ils sont obligés d'avoir recours à l'homme — l'homme qui, comme le pélican légendaire, les nourrit de son sang.

CHAPITRE X.— Occupation et mission des Esprits

Nous n'en dirons rien, car il y a un proverbe qui dit : « l'éloge de soi-même n'est pas un mérite. » Et les Esprits qui ne savent pas même quand et comment ils furent individualisés ne peuvent pas nous dire grand'chose sur leurs occupations. Quant à leur mission, nous la connaissons déjà.

CHAPITRE XI.— Les trois règnes

Dans ce chapitre, ainsi que dans le livre 1er, nous trouvons une étude digne d'Esprits supérieurs présentés et représentés par un homme de lettres à la fois philosophe et étudiant de la nature.

Cette étude est divisée en trois parties : 1° minéraux et plantes; 2° animaux et hommes; 3° métempsychose. Chacun de ces sujets si intéressants sera examiné avec toute la considération qu'ils méritent.

Nous remarquons que dans les « trois règnes », les minéraux sont assez négligés, parce que probablement leur état de densité matérielle et leur degré comparativement bas de leur intellectualisation et vitalisation les rendent difficilement perceptibles aux Esprits L'étude des animaux et de l'homme est au contraire approfondie tant au point de vue physique que métaphysique. E le est une des plus importantes du « Livre des Esprits »; elle a une certaine valeur parce qu'elle précise *un de ces points fondamentaux* de la Doctrine spirite dont pas un n'a été atteint. » (Programme de la Section spirite. Congrès de 1900.)

(585). « Sous le rapport matériel, il n'y a pas des êtres organiques et inorganiques au point de vue moral ». Il y a évidemment quatre degrés. Minéraux moraux. Quelle idée originale!

(586). « Les plantes ont-elles la conscience de leur exis'ence ?

— « Non, elles ne pensent pas, elles n'ont que la vie organique. »

Dans l'état normal, il n'y a aucune formation sans vie, aucune vie sans sensation, aucune sensation sans intelligence. Intelligence, âme, vitalité sont indissolublement unies à la forme

Toutes les formations obéissent à des lois, et l'obéissance implique l'intelligence. La fleur mère, à l'approche du froid, de la chaleur et de l'humidité, qui pourraient nuire à ses centres embryonnaires, les enveloppe de ses pétales. Quand les plantes sont séparées l'une de l'autre, quelquefois à une grande distance, le pollen se met en voyage à la recherche des pistils. Ainsi que les animaux, les plantes sont affectées par leur entourage; elles **connaissent la sélection naturelle et sexuelle;**

dans la plante on trouve la nutrition. la circula
tion, la respiration. Qui peut prouver qu'elle ne
pense pas et par suite qu'elle n'a aucune volonté?
Qu'est-ce qu'un *instinct purement mécanique*? D'où
vient *l'instinct sans intelligence?*

(591). « Dans les mondes supérieurs, les plantes
sont-elles comme les autres êtres d'une nature
plus parfaite?

— « Tout est plus parfait; mais les plantes son
toujours des plantes, comme les animaux sont
toujours des animaux, et les hommes sont tou
jours les hommes. »

Les Esprits supérieurs attribuent le progrès
des âmes à leur séjour répété dans l'enveloppe
corporelle. Ils parlent ainsi également des âmes
des hommes et des animaux. Puisque les plantes
progressent aussi, nous devons conclure que leurs
âmes progressent également dans leurs enveloppes matérielles et que le lichen regrette l'époque
où il fut une rose ou un lis, que le fongus mène
une existence douloureuse parce qu'il fut autrefois
un cèdre. — Et les minéraux moraux? Et leur
progrès par la reminéralisation? L'or, les bijoux,
si fréquemment décrits par les voyants anciens et
modernes, le saphir, l'émeraude, le sardoine, etc.,
sont-ils des pierres précieuses ré-métallisées
dans des sphères les plus matérielles jusqu'à ce
qu'elles arrivent à l'état de gemme pur? Y a-t-il
une ligne de démarcation dans le royaume de ces
âmes de métaux en erraticité, et s'il y en a, où
est-elle?

Les animaux et l'homme

Cette étude a un début admirable, et à part
l'allure de patronage et de prédication qui carac-
térise les Esprits supérieurs. elle ne serait pas
désavouée par un étudiant en ergologie. Il est à
remarquer que, tant que les Esprits se bornent à
parler de choses matérielles, ils sont plus ou
moins guidés par la raison: c'est seulement quand
ils touchent à la métaphysique ou aux choses spi-
rituelles qu'ils deviennent des Esprits « errants »,
errants dans les régions de la fanta-magorie, ou
des « Esprits éclaireurs » éclairant l'homme avec
des lumières nouvelles, dignes de l'ère nouvelle
que Dieu leur a donné mission d'ouvrir pour la
régénération de l'humanité.

(597-598). Ici, les Esprits supérieurs quittent
l'étude de la matière pour aborder l'étude métaphysique des animaux. Ils constatent qu'il y a
dans les animaux « un principe indépendant de
la matière: que ce principe survit au corps; qu'il
y a entre l'âme des animaux et celle de l'homme
autant de distance qu'entre l'homme et Dieu
(quel animal et quel homme, quel homme et
quel Dieu?); qu'après la mort, les animaux
conservent *leur individualité*, mais non la *conscience du moi*; que la vie intelligente reste à
l'état latent; que l'âme des bêtes n'a pas le

choix de s'incarner dans un animal plutôt que
dans un autre, qu'elle n'a pas la libre volonté
(individualité sans volonté libre et sans conscience
du moi, qu'est-ce que cela signifie?); que l'âme
de l'animal après la mort a une sorte d'erraticité
parce qu'elle n'est pas unie à un corps, mais
qu'elle ne peut pas penser et agir par sa libre volonté comme un « Esprit errant »; que l'esprit de
l'animal est presqu'aussitôt utilisé, qu'il n'a pas
par conséquent le loisir de se mettre en rapport
avec d'autres créatures; que néanmoins les animaux suivent leur loi de progrès comme les
hommes et que dans les mondes supérieurs où
les hommes sont plus avancés, les animaux le
sont aussi *mais qu'ils sont toujours inférieurs et
soumis à l'homme, qu'ils sont pour lui comme
des serviteurs intelligents* » (une loi de progrès
pour des êtres qui n'ont ni conscience du moi ni
volonté libre!).

Nous sommes aussi informés que les animaux
progressent non comme l'homme par le fait de
leur volonté, mais par la *force des choses* (quelles
choses?). C'est pourquoi, il n'y a pas pour eux
d'expiation. Heureuses bêtes!

(603). — « Dans les mondes supérieurs, les animaux connaissent-ils Dieu? ».

Voici *un des points fondamentaux.*

Réponse des Esprits: « Non, l'homme est un
Dieu pour eux, comme jadis *LES ESPRITS
ONT ÉTÉ DES DIEUX POUR LES HOMMES* ».

Il est bon de faire attention à la gradation:
1° les minéraux; 2° les végétaux; 3° les animaux;
4° les hommes; 5° les Esprits; 6° Dieu. Les
hommes sont à l'égard des Esprits ce que les
animaux sont à l'égard de l'homme.

Au commencement du *Livre des Esprits* les
Esprits s'annoncent comme « les ministres de
Dieu et les agents de sa volonté » à qui incombe
la mission de régénérer l'homme. Maintenant
peut être par inadvertance, ils laissent tomber
le masque et se proclament ce qu'ils ambition-
nent d'être « *les Dieux de l'homme* » conservant
à l'égard de l'homme la même position que
l'homme à l'égard de l'animal. Mais, demandera-t-
on, les Esprits ne peuvent-ils se servir du mot
Dieux dans le sens que lui donne le Poly-
théisme (669), c'est-à-dire, tout ce qui est humain?
Certes non! Il n'est pas ici question d'hommes se
distinguant par « leurs actions, leur génie ou
leur puissance occulte, inconnue du vulgaire »,
que les peuples appelaient des Dieux, en leur
rendant des hommages divins, mais il est question d'Esprits inconnus qui, dans ce XIXe siècle,
viennent se proclamer ce qu'ils ne sont pas. et
qui, sous le prétexte qu'ils sont les ministres de
Dieu et de l'Oint, ont pour but de suggestionner,
obséder, fasciner et subjuguer l'homme afin d'être
non seulement des Dieux mais des Dieux fin de
siècle, car les Dieux de jadis laissaient aux

— 35 —

hommes leur libre volonté, tandis que ces nouveaux Dieux, les Esprits, selon leur propre affirmation « paralysent la volonté ». Les anciens Dieux laissaient à l'homme sa raison, bien que leurs disciples lui défendissent de s'en servir librement. Ces nouveaux Dieux provoquent «l aberration des facultés. » — « Parmi ceux que l'on traite de fous, il y en a beaucoup qui ne sont que des subjugués » (*Spiritisme expérimental*, p. 325). Et ce ne sont pas seulement les mauvais Esprits qui gouvernent ainsi les hommes mauvais ; suivant l'enseignement des Esprits, ceux d'entre eux qui ont l'intention de fasciner l'homme sont rusés et profondément hypocrites ; ils viennent en prétendant être remplis de charité envers l'homme et d'amour de Dieu, *et les personnes animées de bonnes intentions n'en sont pas moins obsédées* (478).

Considérons maintenant la situation de l'homme à l'égard des animaux. Les animaux peuvent être classés sommairement en animaux domestiques et en animaux libres. A l'égard des premiers, comme le cheval, le chien, l'éléphant, le chameau, l'homme peut les dominer, les dresser, en essayant, s'il est habile et expérimenté, par les amadouer, puis, s'il ne réussit pas, à distribuer des coups, infliger des châtiments plus ou moins sévères, suivant la résistance de l'animal. Quant aux autres animaux domestiques, tels que la vache, le mouton, la chèvre, l'homme se contente de les élever pour avoir du lait ou pour les manger, ou encore pour les tondre — s'il s'agit du mouton. Dans tous les cas, il est le seigneur et maître absolu de toutes ses bêtes de somme et de ses bestiaux ; il peut les laisser mourir de faim, les punir, les tuer selon sa volonté. Quant aux seconds, les animaux libres, l'homme les chasse et les tue pour avoir leurs peaux et parce qu'ils refusent de se soumettre à la volonté de leur Dieu.

Considérons la position des Esprits à l'égard de l'homme.

Les hommes peuvent être divisés aussi en deux classes : l'homme domestiqué, que s'approprient les Dieux ; et l'homme libre qui ne veut pas d'eux. Le premier se laisse séduire par des paroles flatteuses et des appats : les dieux ne désirent pas être ses maîtres, ils sont simplement ses guides ou ses protecteurs ; mais si l'homme domestiqué essaie de se servir de sa liberté et de résister à son guide, l'ange-gardien envoyé de Dieu ayant pour mission de l'instruire et de lui tracer sa voie, on voit tout de suite paraître les instruments de torture variés suivant la nature des Dieux et des hommes, depuis le feu de l'enfer si bien connu jusqu'à l'eau bouillante des Mahométants et la subjugation des Esprits.

Quand aux hommes libres qui ignorent la domination des Dieux, aux pionniers de la pensée, aux athlètes de l'arène qui combattent pour le progrès et la vérité, depuis Eve qui prenait « connaissance de tout ce qui est connaissable » (merci, mère universelle) jusqu'à Socrate, Galilée, Renan et Pasteur, dont le premier ne pouvait se rendre en sûreté aux fêtes de village et dont le dernier fut brûlé en effigie dans son lieu de naissance, ils ont toujours été persécutés par les Dieux et leur domesticité. La torture, l'emprisonnement, la mort, voilà le désir de l'homme à l'égard des animaux libres : tel est également le désir des Dieux à l'égard des hommes libres.

L'homme chasse et tue les animaux pour avoir leurs peaux ; les dieux chassent et tuent les hommes pour le même but. Combien est vraie et intelligente cette affirmation des Esprits supérieurs que l'homme est un Dieu pour les animaux dans les mondes supérieurs, comme jadis les esprits ont été des dieux pour les hommes. Néanmoins cette doctrine spirite, considérée théoriquement, n'est pas d'une compréhension facile et elle a besoin d'être étudiée de près.

Les esprits sont les dieux ; ils sont à tous les degrés de raréfaction depuis le degré périsprital le plus grossier jusqu'à l'Esprit pur et purs Esprits entre lesquels il n'y a pas de démarcation, aussitôt qu'ils sont libérés de leur *prison*, l'enveloppe charnelle, il s'ensuit que les esprits dieux sont ou des dieux incarnés ou des dieux désincarnés, et puisque les esprits sont les dieux des hommes, les esprits désincarnés sont les dieux des esprits incarnés, ou, pour suivre de plus près l'enseignement de la doctrine spirite, les esprits sont les dieux des âmes, et chaque âme humaine, aussitôt libérée de sa *prison* (enveloppe charnelle), devient un dieu plus ou moins grand, « un de nous. » D'ailleurs, entre les dieux les plus élevés et le plus pur esprit, il n'y a pas de démarcation.

Nous laissons la solution de ce problème et son application pratique aux maîtres en théologie.

Ce qui reste de l'étude des animaux et de l'homme, en ce qui a trait à la métempsychose, vaut bien la peine aussi d'être approfondi. Ici la doctrine spirite enseigne que tout s'enchaîne dans la nature par des liens non encore saisis et que c'est seulement par le développement de l'intelligence que ces liens seront compris, que l'intelligence de l'homme et des animaux a un principe unique l'intelligence universelle, que l'intelligence de l'esprit comme celle de l'âme (c'est-à-dire l'esprit dans son enveloppe charnelle à la première incarnation) éclot à peine et qu'elle s'essaie à la vie, que l'esprit accomplit sa première phase dans une série d'existences qui précèdent la période de l'humanité, qu'il y a toujours des animaux qui relient les extrémités de la chaîne des êtres et que les premiers progrès s'accomplissent lentement, parce qu'ils ne sont pas encore secondés par la volonté, que le progrès est d'autant plus rapide que l'esprit acquiert une connaissance plus parfaite de lui-même.

En ce qui concerne la métempsychose (612) à la question « l'esprit qui a an'mé le corps d'un homme peut-il s'incarner dans un animal ? » Il est répondu : « Ce serait rétrograder, et l'esprit ne rétrograde pas. *Le fleuve ne remonte pas à sa source.* »

Selon cet enseignement, l'intelligence, la connaissance ne peuvent progresser que dans la forme matérielle et leur progrès dépend du pouvoir de vitaliser et intellectualiser la matérialité dont cette forme est faite, afin qu'elle puisse satisfaire ses besoins. Ainsi « l'essai de la vie », de l'intelligence dans la vie commence dans les formations les plus inférieures, les formes atomiques de la matière intellectualisée et vitalisée que l'être organique individuel développe graduellement, c'est la période « archibiosis » pendant laquelle l'intelligence, la sensibilité et la vitalité, trinité inséparable, se manifestent sous forme de gelée non cellulaire.

Telle est la théorie évolutionniste bien connue à l'égard des formations matérielles.

Voyons la théorie évolutionniste au point de vue métaphysique.

Selon la doctrine spirite, les Esprits (Dieux) qui sont ou ont été des âmes incarnées se développent continuellement jusqu'au point où il n'y a plus aucune démarcation entre les plus purs des esprits et le pur esprit.

Il s'ensuit que, puisque l'intelligence ne peut se développer ni progresser que dans la matière, tout développement et tout progrès dépendent de l'homme, car Dieu a formé l'homme à sa propre ressemblance et lui a donné de son intelligence afin qu'il pût perfectionner la matière. Donc l'homme psycho-intellectuel ne doit avoir qu'un seul but : celui de se développer jusqu'à ce qu'il soit en communion de pensée avec son Formateur.

Alors seulement on ne connaîtra qu'un Dieu, et il n'aura qu'un seul nom.

LIVRE III. — LOI MORALE

Chapitre I. — Loi divine et naturelle. Caractère de la loi naturelle

Question (614). « Que doit-on entendre par la loi naturelle ?

Réponse. La loi naturelle est la loi de Dieu ; c'est la seule vraie pour le bonheur de l'homme ».

La loi naturelle pour tous les êtres organiques consiste à faire tout ce qu'ils voudraient. Le bonheur de l'homme est aussi de faire tout ce qu'il voudrait. Nous le croyons bien ; mais malheureusement pour lui, l'homme n'a pas ce bonheur, car les lois humaines ne permettent pas cette liberté aux enfants de Dieu.

Question (615). La loi de Dieu est-elle éternelle ?

Réponse. Elle est éternelle et immuable comme Dieu lui-même.

— Comment cette assertion est-elle prouvée par la doctrine des Esprits qui « sont les dieux des hommes ? » Dieu a dit : « Le Seigneur votre Dieu est un Dieu unique. L'homme ne doit pas avoir d'autres dieux que moi ». Ensuite il envoie comme ministres et agents de sa volonté les Esprits supérieurs, afin qu'ils soient les dieux des hommes!

— Que faut-il en inférer ? Que la loi de Dieu est immuable et éternelle comme Dieu même ? Il n'est pas étonnant que les Esprits supérieurs constaten qu'une seule existence ne suffit pas à l'homme pour approfondir les lois divines. L'éternité ne suffirait pas.

Question (621). « Où est écrite la loi de Dieu ?

Réponse. Dans la conscience.

Question. Puisque l'homme porte dans sa conscience la loi de Dieu, quelle nécessité y avait-il de la lui révéler ?

Réponse. Il l'avait méconnue ; Dieu a voulu qu'elle lui fût rappelée ».

— Rien n'est plus varié et plus changeant que la conscience des hommes. Le Dieu de tel peuple est l'idole maudite de tel autre. Ce qui est vertu et gloire pour un guerrier est un crime affreux pour une femme sensible. Telle diplomatie vantée des hommes politiques est horreur pour un philanthrope. Des maximes dorées écrites sur le sable sont vite « oubliées et méconnues ». Des lois immuables doivent être écrites sur une matière immuable : D'où vient la nécessité de l'immortalité de l'homme sur la terre.

(623 à 628). Dieu et Jésus, Jésus et Dieu! Toujours et sans cesse les Esprits essaient de s'approprier le chef-d'œuvre de l'un et de substituer leur propre doctrine à la doctrine chrétienne qui dit : Rédemption pleine et entière de l'homme et du monde entier par le sacrifice de Jésus.

Chapitre II. — Loi d'adoration

(650). « La conscience de sa faiblesse porte l'homme *à se courber* devant celui qui peut le protéger ».

Quelle adoration digne de la Divinité et de celui qu'elle a formé d'après sa propre ressemblance et qu'elle a doué de ses propres attributs ! Mais peut-être le Dieu à qui il est fait allusion est un Dieu qui se plaît à voir l'homme *se courber* devant lui par faiblesse et par peur.

De la prière

« Qu'est-ce que la prière ? » La demande de quelque chose que nous voulons obtenir de quelqu'un à qui nous attribuons le pouvoir de nous le donner. Où est le mérite?

Sacrifice

(669). Dieu n'a jamais exigé de sacrifices, pas plus celui des animaux que celui des hommes.
(Voyez *Lévites*, chap. I.).

Chapitre III. — Loi du travail

Les Esprits supérieurs disent que le travail est imposé à l'homme comme expiation et que l'oisiveté serait un supplice au lieu d'être un bienfait. D'après cela, s'il veut éviter l'expiation, il rencontre le supplice. Au reste, celui qui possède suffisamment de fortune est exempt du travail qui ne lui plaît pas. *L'expiation n'est donc imposée qu'aux pauvres.*

Question (681). La loi de nature impose-t-elle aux enfants l'obligation de travailler pour leurs parents?

Réponse. Certainement, comme les parents doivent travailler pour leurs enfants.

— Pas du tout. Les parents n'ont pas demandé à l'enfant s'il voulait naître ou non, et l'enfant n'est pas tenu de procurer le bien-être aux parents par le seul fait qu'ils sont ses parents. Au contraire; ce sont les parents qui sont responsables du bien-être de leurs enfants, et les personnes qui donnent la vie aux enfants sans pouvoir, ni vouloir leur procurer les moyens de se développer et d'être heureux sont leurs pires ennemis. Du reste, la reconnaissance ne se rencontre que chez les personnes du caractère le plus élevé, et celles-ci rendent affection pour affection, bienfait pour bienfait. L'histoire que voici est bien vivante :

Un jour, les Vertus s'assemblèrent sur la terre et pendant qu'elles s'assemblaient, une personne se présenta. — « Qui êtes vous, belle étrangère, demandèrent les Vertus ; nous ne nous souvenons pas de vous avoir jamais vue ». — Je suis la Re connaissance, répondit-elle, et je suis à peine connue sur la terre ».

On rencontre ensuite dans ce chapitre des aphorismes comme ceux-ci ; « La limite du travail est la limite des forces. — L'homme n'est pas obligé de travailler au-delà de ses forces. — Le repos est nécessaire après le travail ».

Chapitre IV. — Loi de reproduction

« Dieu ne fait rien d'inutile ».

Qui donc a fait les insectes qui gâtent nos fruits; est-ce le même Dieu qui a fait les fruits? Qui a fait la couleuvre et le cobra? qui a fait les sauterelles qui dévastent des régions entières? qui a fait les mosquitos, les puces, les punaises, le pou? Tout cela serait-il par hasard l'œuvre des Esprits pour l'expiation et la punition des hommes, ou serait-ce l'œuvre de quelque dieu follet ou mauvais qui se plaît à se moquer de l'homme ou à le mépriser en le voyant travailler pour que les sauterelles, les fourmis, les chenilles et autres animaux nuisibles puissent vivre, de même que les Esprits méprisent ceux qui n'ont pas le cœur parfaitement pur et qui essaient de venir à l'aide à leurs semblables obsédés?

Serait-ce plutôt l'œuvre d'un Dieu ennemi de Celui qui trouvait toutes ses formations bonnes et les bénissait?

Mariage & Célibat

Question (695). « Le mariage, c'est-à-dire l'Union permanente de deux êtres, est-il contraire à la loi de nature?

Réponse. C'est un progrès dans la marche de l'humanité : l'effet de l'abolition du mariage sur la société humaine serait le retour à la vie des bêtes. — L'indissolubilité absolue du mariage est contraire à la loi de nature ».

— Des éons et des éons de temps se sont écoulés depuis que nos ancêtres furent formés mâle et femelle, c'est-à-dire depuis que l'un fournissait à l'autre ce qui lui manquait psychiquement, moralement, intellectuellement, de telle sorte que les deux êtres unis formaient une dualité-unie (*indivi-dualité*), la perfection d'être.

Pour le moment, il faut regarder les choses comme elles sont et non comme elles pourraient ou devraient être.

Le mariage (à peu d'exception), selon la conception actuelle, n'est pas d'accord avec la nature de l'homme à l'égard soit de ses impulsions physiologiques, soit de ses impulsions mentales, soit des intérêts les plus élevés de la race humaine.

La plupart des mariages sont contractés en vue d'un intérêt matériel quelconque, et l'attraction mutuelle, qui est une partie de la force pathotique qui pourrait unir l'homme et la femme suivant leur affinité, au moins pendant un certain temps, n'est pas prise en considération à notre époque. Selon les règlements de la société civilisée, les personnes seules qui peuvent montrer un certificat du maire sont bénies, quoiqu'elles puissent se haïr mutuellement, comme chien et chat. Les secrets désirs et les actes de l'homme, les séparations et divorces publics prouvent que la monogamie n'est pas naturelle à l'homme, dans son état actuel de développement. L'infidélité de l'un envers l'autre dans le mariage que « Dieu a béni et que personne ne peut dissoudre » prouve que, s'ils suivaient la loi naturelle, qui, suivant les Esprits, est la loi de Dieu, et la seule faite pour le bonheur de l'humanité, les époux se sépareraient tout seuls et avec la plus grande facilité. Le fait est que quand l'un d'eux ne se trouve pas satisfait soit psychiquement, soit intellectuellement, soit physiologiquement, il cherche à se satisfaire, ailleurs, aussi sûrement que l'eau cherche son niveau. et ceci étant une loi naturelle, toutes les lois établies par les Dieux ou par l'homme sont impuissantes à le changer. Toutes les lois de la Société moderne à l'égard du mariage sont fondées sur des considérations d'ordre économique ou de raisons d'Etat.

Il y a sans doute des cas où on rencontre l'amour dans le mariage et où cet amour ne disparaît pas, mais ils sont exceptionnels. Le véritable amour dépend beaucoup, pour sa durée, des concessions mutuelles et du sacrifice de l'un pour l'autre. Des lois et des règlements ne sont pas nécessaires pour des personnes qui ont de l'affinité l'une pour l'autre

Le mariage, dans le temps présent, est trop souvent une farce sur laquelle l'Eglise et l'Etat jettent un voile de sainteté ou d'inviolabilité. C'est un contrat légal nécessaire pour maintenir l'ordre mais une rupture honorable de ce contrat auquel ont participé *deux intéressés* devrait être aussi facile et aussi peu coûteuse que la résiliation des autres contrats.

Que de crimes, d'infamies et de malheurs seraient épargnés ! Quand la femme sera réellement libre et qu'elle ne sera plus à vendre, quand l'homme s'efforcera de la gagner non par sa position sociale ou sa fortune, mais par ses qualités personnelles, dès ce moment, et pas avant, la race humaine s'améliorera. Alors les enfants qui naîtront seront pleins de vitalité, résultat de l'affinité entre le père et la mère Quant aux enfants nés en dehors du mariage, la manière dont ils sont considérés et stigmatisés par la loi constitue une des taches les plus noires de la civilisation moderne, une injustice et une cruauté sans égales. Ce n'est pas la faute du petit être s'il vient au monde, et rien ne justifie la loi à son égard. Le père doit être responsable en toute circonstance, et s'il ne peut se charger de ses enfants, c'est le devoir de l'Etat de les nourrir et de les élever sans qu'il ait le droit de faire une distinction entre ceux qui sont nés dans le mariage ou hors du mariage. Quant aux femmes, elles ne devraient pas être obligées de travailler pour vivre ; leur rôle dans la vie est d'être l'amie et la compagne de l'homme, la mère et l'éducatrice de la race de l'avenir. La femme doit être à l'abri du besoin, comme elle doit pouvoir choisir le père de ses enfants. Si ces deux règles seulement étaient observées, la santé physique et morale des enfants et l'accroissement de la population en seraient le résultat. La nation qui les adopterait prendrait, après quelques générations, la première place dans le monde.

La dissolubilité du mariage est désirable. Mais les enfants d'une femme non mariée qui aime le père de ses enfants, s'ils n'étaient pas stigmatisés, mais au contraire traités sur le même pied

d'égalité que les autres, auraient de meilleures chances de succès dans la lutte pour la vie que les enfants de la femme qui a la patente de l'Eglise ou de l'Etat, et qui se vend pour jouir de la fortune ou de la position d'un homme qui lui est indifférent ou qu'elle déteste. La femme qui s'est vendue, en sortant de cette lessive morale qu'on appelle le confessionnal, blanche comme la neige et pure comme un lis, relève ses jupes pour éviter, en passant, la robe de la femme qui s'est donnée par amour. Néanmoins, celle qui s'est donnée par amour suit la loi naturelle et celle qui s'est vendue la viole. L'usage voile l'abus, tôt ou tard la hideuse lèpre se voile la face ainsi que le prophète de Khorassan.

Polygamie

« La loi de la polygamie est néfaste, parce qu'elle trouble et dégrade les femmes qui ont le droit d'être honorées et protégées. »

Il y a des exceptions à toute règle, et originairement la polygamie n'avait rien à voir avec la sensualité, bien au contraire.

CHAPITRE V. — La loi de conservation. Instinct de conservation.

Question (702). L'instinct de conservation est-il une loi de nature ?

Réponse. Sans doute, il est donné à tous les êtres vivants, quel que soit le degré de leur intelligence.

Question (703). Dans quel but, Dieu a-t-il donné a tous les êtres vivants l'instinct de leur conservation ?

Réponse Puisque la vie est nécessaire à la perfection des êtres, ils le sentent instinctivement, sans s'en rendre compte.

— La conservation de la vie est ainsi démontrée comme une loi naturelle et divine, et puisque cette loi est « la seule vraie pour le bonheur de l'homme, » *qu'il concentre toutes les forces de son être pour la conservation à perpétuité de sa vie dans tous ses états et degrés.*

Moyens de Conservation

Question (704). Dieu, en donnant à l'homme le besoin de vivre, lui en a-t-il toujours fourni les moyens ?

Réponse. Oui, et s'il ne trouve pas, c'est qu'il ne comprend pas. Dieu n'a pu donner à l'homme le besoin de vivre. sans lui en donner les moyens. C'est pourquoi il fait produire à la terre de quoi fournir le nécessaire à tous ses habitants.

—Dieu (quel Dieu ?) quand il a jugé et condamné Adam et Eve et maudit la terre, a dit :

« Tu gagneras ton pain à la sueur de ton front et cette malédiction, nous ne le savons que trop, pèse toujours sur nous Les Esprits supérieurs constatent que Dieu fait produire à la terre de quoi subvenir à tous les besoins Peut être se souviennent ils du bon vieux temps. Présentement, la terre ne produit rien sans le travail de l'homme. Le Dieu qui faisait de l'homme un travailleur le conserve encore comme travailleur et il fera toujours ainsi jusqu'à ce que l'homme revendique sa liberté.

(798). Quant à la privation du nécessaire absolu le mérite de l'homme, est-il dit, consiste dans « sa soumission a la volonté de Dieu, *si son intelligence ne lui fournit aucun moyen de se tirer d'embarras.* » Voilà un progrès sur l'ancienne doctrine théologique qui enseignait que tous les maux et toutes les misères devaient être reçus avec joie. Or, la plus grande de toutes les privations est la privation de la vie. Jusqu'ici, le mérite suppose était d'accepter avec résignation la perte de « l'enveloppe charnelle » qui est la protection de tous les états d'être, et ceci en soumission à la volonté de Dieu (le Dieu de la poussière et de la mort). Que maintenant son intelligence lui fournisse un moyen de se tirer d'embarras !

Jouissance des biens terrestres.

(727). « Fatiguez votre esprit et non votre corps. » — Conseil admirable pour l'homme ! Le corps est trop précieux pour qu'il puisse être exposé au danger, puisque, *sans le corps, l'homme cesse d'être homme et qu'il est nécessaire à l'évolution.* Fatiguez non seulement l'*Esprit* qui désire être votre gardien, votre père, votre conseiller, votre hôte, votre obsesseur ou fascinateur, mais tous les Esprits, car ce sont des parasites qui ne vivent que de votre intelligence et de votre vitalité.

CHAPITRE IV.—La loi de destruction.
Destruction humaine et destruction abusive.

(728). « Le corps n'est que l'accessoire et non la partie essentielle de l'être pensant ; la partie essentielle, c'est le principe intelligent qui est indestructible. »

— C'est écrit : « les cieux sont au Seigneur ; la terre, il l'a donnée aux enfants de l'homme. » L'homme a bien assez à faire en travaillant à dompter toutes les formations des dieux ennemis, à repeupler la terre en réutilisant la matérialité pour des formations supérieures et en développant ces formations. Telle est la mission de l'homme, comme ministre de Dieu et l'agent de sa volonté, et pour qu'il remplisse cette mission, il faut qu'il reste homme. Nous défions au-

cun « principe intelligent » de toucher à la matéria ilé de la terre sans le cerveau de l'homme.

Fléaux destructeurs.

(738). « Les Esprits », voilà le monde réel préexistant et survivant à tout. Ce sont les enfants de Dieu et l'objet de toute sa sollicitude : les corps ne sont que les déguisements sous lesquels ils apparaissent dans le monde.

— Et l'enseignement des *Prolégomènes* ? « L'homme quintessencie l'esprit par le travail, et tu sais que ce n'est que par le travail du corps que l'esprit acquiert des connaissances. Dans les grandes calamités qui déciment les hommes, c'est comme une armée qui pendant la guerre voit ses vêtements usés, déchirés ou perdus. Le général a plus de souci de ses soldats que de leurs habits. »

La comparaison est insoutenable. Le corps et les états d'être qu'il enveloppe et protège forment l'homme intégral. Sans le corps, l'homme cesse d'être homme. Sans ses vêtements, le soldat reste toujours soldat. Le général qui a plus de souci de ses soldats que de leurs habits n'a fait ni les uns ni les autres. Le Dieu formateur, non seulement formait l'homme, mais le formait d'après sa propre similitude. Le général expose les soldats et non pas leurs habits au feu de l'ennemi.

(741) « Beaucoup de fléaux sont la suite de l'imprévoyance de l'homme ; à mesure qu'il acquiert des connaissances et de l'expérience, il peut les conjurer. ». — Mais si « Dieu frappe l'humanité par des fléaux destructeurs pour la faire avancer plus vite » (737), celui qui les conjure est une pierre d'achoppement dans le chemin du progrès humain et le devoir de l'homme est de laisser faire les bactéries et de se laisser tranquillement entamer ! Et les médecins modernes qui exposent leur propre vie, travaillent, souffrent et se sacrifient pour sauver leurs semblables de ces fléaux destructeurs, seront obligés de subir de nombreuses réincarnations avant d'être *purs Esprits*, parce qu'ils combattent la volonté de Dieu.

L'espace nous manque pour examiner de près « la loi de la conservation, la loi de destruction, la loi de civilisation et la loi de progrès ». Nous passons donc à l'étude extrêmement intéressante qui a pour titre :

Influence du Spiritisme sur le Progrès

Question (798). — Le spiritisme deviendra-t-il une croyance vulgaire ou restera-t-il le partage de quelques personnes ?

Réponse. — Certainement il deviendra une croyance vulgaire.

— Dès que l'aurore de l'intelligence qui commence à paraître deviendra de plus en plus éclatante et annoncera le lever du Soleil glorieux de la Vérité qui ne se couchera plus, il n'y aura plus *des croyances vulgaires*: car *croyance* signifie manque de connaissance et bientôt l'homme trouvera la raison des choses et la justification de son intime espérance.

« Le spiritisme marquera une ère nouvelle dans l'histoire de l'humanité ». — Le soi-disant spiritisme n'a rien de nouveau. On ne peut aborder l'étude d'aucune religion sans rencontrer le monde spirituel. La communication avec les êtres moins matériels que l'homme et leur évocation ont existé de tout temps. Le spiritisme occidental est simplement une partie très insignifiante de l'ancienne pratique. Si par spiritisme on veut dire évocation des personnes ayant subi la transition, cet art fut connu et exercé par la Pythonisse d'Endor et par des maîtres en occultisme qui, ainsi que nous l'avons dit, contient tous les *ismes*. Dans l'Orient et surtout parmi les Hébreux, l'évocation des morts était défendue, parce que cette évocation était faite au moyen des ossements des cadavres et qu'on abusait de ce moyen.

Jusqu'à l'avent du spiritisme, il y a à peu près un demi-siècle, aucune personne saine d'esprit, sauf les grands occultistes qui *savaient*, ne songeait à évoquer les morts parce qu'il était reconnu que personne, sauf les maîtres de l'art occulte, ne pouvait le faire avec succès. *Car il ne suffit pas d'évoquer, il faut encore à l'évocateur le pouvoir de fournir aux évoqués les moyens de répondre à l'évocation.* En outre, il n'y a qu'une très petite minorité de décédés qui puissent conserver leur individualité dans les autres états d'être après la dissolution du corps. L'immense majorité suit la loi générale, et de même que les parties constituantes du corps physique appartiennent au corps physique avec lequel elles ont de l'affinité, de même l'âme se confond dans la masse des âmes, la vitalité avec la force vitale générale et l'intelligence avec la masse des intelligences, jusqu'à ce que toutes et chacune se reconstituent et s'individualisent dans un corps dont chaque cellule possède sa propre intelligence, sa propre âme et sa propre vitalité.

— « Le spiritisme et les Esprits sont dans la nature... ».

Cette affirmation est bien inutile. Si les Esprits n'étaient pas dans la nature, où seraient-ils?

— « Le temps est venu où il (le spiritisme) prendra rang parmi les connaissances humaines ».

Certainement, puisque ces êtres influencent le monde musulman et le continent noir aussi (quoique personne, sauf les spirites modernes, ne s'imagine qu'ils sont les Esprits des morts). Il est nécessaire que leur nature soit connue, qu'ils soient classés et catalogués par les scientistes et les philosophes, mais on peut se demander si cette recherche n'est pas réservée aux occultistes.

Il y a toutes les raisons pour que la psychologie et la science marchent ensemble dans le chemin de la libre recherche, l'une aidant l'autre, une fois la foi et la croyance aveugle abandonnées, l'occultisme et la science peuvent chercher ensemble avec la lumière de la raison qui seule fera découvrir la perle de grand prix : la vérité. Aucun penseur ne peut nier que la connaissance du rôle joué par ces êtres invisibles dans le grand drame de la nature ne soit le commencement d'une ère nouvelle dans l'histoire de l'humanité, et nous comprenons que l'occultiste et le scientiste, dont le devoir est de rester parmi les peuples soi-disant civilisés, portent leur attention sur les séances spirites qui peuvent leur fournir des éléments pour leurs recherches psychiques. Mais s'il est dans leur pouvoir de séjourner parmi les vieux chênes au milieu desquels ces êtres ont servi ou dominé pendant des siècles, au lieu de séjourner parmi les champignons récemment éclos, ils trouveront là des éléments de recherche beaucoup plus riches et abondants et cette étude en vaut la peine, si, comme l'a dit sagement, le poète-astronome, c'est là « la science de l'avenir » — « Et cependant elle aura de grandes luttes à soutenir ».

Sans doute, une fois que l'homme psycho-intellectuel sera décidé à être le maître chez lui, à maintenir en tutelle les Dieux et les Esprits, il y aura une lutte a soutenir, c'est tout naturel.

— « Il y a des gens intéressés à le (le spiritisme) combattre, les uns par amour-propre, les autres pour des causes toutes matérielles ».

Oui, certainement; pour l'amour-propre qui exige que l'homme garde son *moi* intact; oui, certainement; pour des raisons très matérielles, la conservation du corps.

— « Mais les contradicteurs, se trouvant de plus en plus isolés, seront bien forcés de penser comme tout le monde sous peine de se rendre ridicules ».

Que le désir soit le père de la pensée, comme dit le proverbe.

Il y a plus de quarante ans, depuis la publication du « Livre des Esprits » et jusqu'à ce que M. Camille Flammarion et d'autres chercheurs psychiques compétents, sérieux et indépendants se soient décidés à faire des recherches sur la nature de la puissance et des êtres manifestés, alors que la grande majorité des savants du XIXe siècle ignoraient le spiritisme, c'était le spiritisme et non pas ceux qui l'ignoraient ou le combattaient, qui était « isolé et rendu ridicule », ainsi que toutes les croyances doivent l'être nécessairement quand elles ne s'appuient pas sur la raison. Aucun de ces chercheurs et scientistes sérieux n'a pu obtenir de résultat satisfaisant; mais cela va venir.

Question (708). — De quelle manière le spiritisme peut-il oontribuer au Progrès ?

Réponse. — En détruisant le matérialisme qui
est une des plaies de la Société.

— Le fait est que le spiritisme a fait plus de
matérialistes qu'aucun maître *ès-matérialisme*.
L'aveugle croyance à ce qui n'est ni démontré ni
démontrable, l'étroitesse *de vues* et le contente-
ment de soi, la tendance à prêcher et à prôner,
l'ignorance absolue des Esprits et leur désaccord
avec la science et la raison ont donné une grande
poussée au matérialisme.

— « La vie future n'étant pas voilée par le
doute il (le spiritisme) fait comprendre aux
hommes leur véritable intérêt ».

Le spiritisme n'a jeté aucune lumière sur l'existence future et il ne peut pas plus lui faire voir
son véritable intérêt maintenant qu'auparavant.

— « En détruisant les préjugés de secte, de
caste et de couleur, il apprend aux hommes la
grande solidarité qui doit les unir comme des
frères ».

Tous ceux qui connaissent le spiritisme pratiquement témoigneront qu'il est plus étroit, qu'il
a plus de préjugés et qu'il comprend moins la solidarité que toute autre secte. Au lieu de reconnaître qu'il est une partie non développée et par
suite incomplète et très faible de la science inté-
grale, de l'occultisme, il se considère comme « le
préparateur d'une nouvelle ère pour l'humanité,
comme « son régénérateur et son éclaireur » ; il
répudie toute alliance avec les autres branches
de l'occultisme et l'occultisme lui-même et dars
son outrecuidanée, il évoque, il évoque, il parle,
il croit, il affirme avec une persévérance digne
d'une meilleure cause.

Le spiritisme, tel qu'il est compris et pratiqué
par ses adeptes et ses dévots, ne dissipera jamais les brouillards qui cachent la connaissance
de l'état de l'âme après la transition, parce qu'il
repose non sur la raison, mais sur la *croyance*
qui est la plus précaire des fondations. Quant à la
destruction des castes, c'est tout simplement
une recrudescence d'anarchie. Cette destruction,
pendant que l'esprit habite son corps charnel, est
en complet désaccord avec la classification des
Esprits désincarnés qui sont aux divers degrès
de l'échelle intellectuelle.

Comment se fait-il que ces âmes anarchiques
deviennent, sitôt qu'elles sont libérées du corps,
des impérialistes convaincues? Si les Esprits supérieurs étaient assez aimables pour nous expliquer ce revirement, plus d'une tête couronnée et
plus d'un dignitaire hiérarchique les récompen-
seraient pendant la période de leur réincarnation
par un titre de noblesse ou les canoniseraient
avant leur transition, au lieu d'attendre deux ou
trois siècles afin qu'on ait le temps d'oublier qu'ils

ont suivi la loi naturelle du mensonge et de l'é-
goïsme avec un peu trop de liberté.

Question (802). Pourquoi les **Esprits** n'ont-ils
pas enseigné de tout temps ce qu'ils enseignent
aujourd'hui ?

Réponse. Vous n'enseignez pas aux enfants ce
que vous enseignez aux adultes et vous ne donnez
pas au nouveau-né une nourriture qu'il ne peut
pas digérer. Chaque chose a son temps.

— Evidemment, à l'égard de l'évolution, tout
dépend de l'homme, car *la connaissance réflective
des médiums et des assistants est la mesure de la
connaissance des Esprits*. Si le *Livre des Esprits*
était écrit aujourd'hui, les rayons X, l'argon, les
divers microbes, l'électricité sans fil, les ballons
dirigeables, les bateaux sous-marins, etc.,auraient
pris une place remarquable parmi les sujets que
traitaient les Esprits instructeurs de la pauvre
humanité ignorante.

CHAPITRE IX. — Loi d'égalité

Question (803). Tous les hommes sont-ils égaux
devant Dieu ?

Réponse. Oui, tous tendent au même but, et
Dieu a fait ses lois pour tout le monde.

— Mais, selon la Doctrine spirite, les âmes des
hommes diffèrent essentiellement ; quelques-unes
sont dans « l'enveloppe charnelle » pour la première fois, où elles font un « essai de la vie » sans
posséder la pleine raison ; d'autres y sont pour la
dernière fois avant de devenir Esprits purs. Comment donc peuvent-ils être tous égaux devant
Dieu ? D'ailleurs, il y a les Esprits supérieurs, les
Esprits inférieurs, les Esprits bons, les Esprits
mauvais ; il y en a de sérieux, il y en a de légers,
il y a les follets, les trompeurs, les protecteurs,
les instructeurs. Comment peuvent-ils avoir tous
le même but, s'ils sont égaux devant Dieu ?

Question (805). En passant d'un monde supérieur
dans un monde inférieur, l'Esprit conserve-t-il
l'intégralité des facultés acquises ?

Réponse. Oui, nous l'avons déjà dit...

— Comment ? On nous a déjà enseigné que l'â-
me, en s'incarnant sur la terre, perdait plus ou
moins complètement la mémoire et par conséquent
l'expérience des existences antérieures.

CHAPITRE X. — Loi de liberté
Liberté naturelle

Question (826). Quelle serait la condition dans
laquelle l'homme pourrait jouir d'une liberté absolue ?

Réponse. La condition de l'ermite dans un désert.

— L'ermite dans un désert ne jouit pas d'une
liberté absolue. La chaleur, le froid, les vents du
désert, les animaux féroces, le manque de vivres,
etc., ne lui permettent pas de faire ce qu'il veut,

et quand on né peut pas faire ce qu'on veut, on ne jouit pas d'une liberté absolue. Dans tout lu Cosmos l'indépendance ne se trouve pas, et par conséquent il n'y a pas de liberté absolue. La conception de la liberté est en raison de l'intelligence.

L'Esclavage

Les Esprits supérieurs enseignent : « Toute sujétion absolue d'un homme à un autre est contraire à la loi de Dieu. L'esclavage est un abus de la force... »

— La sujétion absolue, comme la liberté absolue n'existe pas. Tant que l'homme est homme, c'est-à-dire aussi longtemps qu'il est dans « son enveloppe charnelle », il résiste à la sujétion ; d'autre part, cette sujétion n'est possible qu'à l'égard du corps Les pensées échappent à la domination de l'homme. Cette sujétion est l'apanage des Esprits à qui Dieu permet de traiter l'homme comme le chat traite la souris, c'est-à-dire de l'obséder, le fasciner, l'espionner perpétuellement pour savoir ce que l'homme voudrait se cacher à lui-même: sujétion pire que celle que peut exercer l'homme sur l'homme. Peut-être les Esprits supérieurs feraient bien de donner des leçons à leurs semblables sur l'abus de la force, avant d'éclairer l'homme à ce sujet.

Puisque l'homme à l'égard des Esprits occupe la position des animaux à l'égard de l'homme ;

Puisque l'esclavage ne peut être excusé chez ceux qui ont reçu la lumière du Christianisme ;

Puisque le Spiritisme est plus avancé dans le chemin du progrès que le Christianisme ;

Comment se fait-il que les Esprits réduisent l'homme à l'esclavage le plus terrible auprès duquel la sujétion la plus tyrannique d'homme à homme est chose douce ? Du reste, ainsi qu'on a pu le constater en Amérique, lors de l'abolition de l'esclavage, la libération des esclaves a causé une déception et une douleur immense. Sans doute l'esclavage est une institution très défectueuse, mais il y a beaucoup de pauvres diables qui seraient heureux d'avoir un travail assuré, afin de pourvoir aux nécessités de la vie pour eux et leur famille, plutôt que de manquer de pain après leur libération, et de voir les leurs mourir de faim et de misère. Au point de vue des prédicateurs et des philanthropes, la séparation des membres de la famille qu'entraîne l'esclavage est le plus grand mal. C'est un mal, en effet, si on arrache les enfants aux parents qui sont leurs protecteurs naturels ; mais cette séparation dans la famille ne se rencontre-t-elle pas dans l'esclavage légal ! Que les prédicateurs et les philanthropes visitent les hospices des enfants trouvés, les asiles des enfants abandonnés ; qu'ils voient les souffrances terribles de ces pauvres êtres, que des parents ivrognes chassent dans la rue et réduisent à la mendicité. La philanthropie pratique et la charité commencent par nous-même. Quant à la séparation du mari et de la femme, c'est un fait exceptionnel dans l'esclavage. Là où le propriétaire d'esclaves en sépare quelques-uns, la nécessité, l'antipathie mutuelle, le divorce en séparent des milliers. A l'égard des jeunes gens et des jeunes filles, il est tout naturel qu'ils quittent le nid paternel pour s'en bâtir un à eux-mêmes.

L'esclavage est un mal, mais la civilisation moderne permet des maux plus grands que l'esclavage. A nos civilisés, l'ancien proverbe est applicable: « Vous faites tous vos efforts pour ne pas avaler un moucheron, mais en même temps vous avalez un chameau. »

Liberté de penser

Question (833). Y a-t-il en l'homme quelque chose qui échappe à toute contrainte et pour laquelle il jouisse d'une liberté absolue ?

Réponse. C'est dans la pensée que l'homme jouit d'une liberté sans limite.

Question (834). L'homme est-il responsable pour sa pensée ?

Réponse. Il en est responsable devant Dieu.

— Il n'en est pas ainsi pour les spirites. (Il ne faut pas oublier qu'ils doivent se répandre sur la terre comme les eaux au-dessus des profondeurs de la mer). A part ceux qui sont plus ou moins obsédés, ils ont leurs « guides » ; et cela est juste, puisque dans les six royaumes les esprits sont les intermédiaires entre Dieu et l'homme, et ces esprits sont à l'homme ce qu'est l'homme à l'animal. Figurez-vous un chien qui tiendrait aux autres toutous le langage suivant : « Je suis un chien de progrès, et la réflexion m'a démontré que je ne suis pas responsable envers mon maître, mais envers les esprits. » Ainsi et de fait *Dieu est mis en dehors.*

Liberté de conscience

Question (835). La liberté de conscience est-elle une conséquence de la liberté de pensée.

Réponse. La conscience est une pensée intime qui appartient à l'homme comme toutes les autres pensées.

— Bien ! mais si la loi naturelle qui est la loi de Dieu et la seule bonne pour le bonheur de l'homme est écrite dans la conscience et si la conscience est une pensée intime, de quel droit les esprits intermédiaires entre Dieu et l'homme, influencent-ils ses pensées intimes ? Si la loi naturelle qui est la loi de Dieu imprimée dans la pensée, de quel droit les esprits impriment-ils dans la conscience d'autres lois et d'autres règles ?

La doctrine spirite place Dieu dans une étrange posture. Dieu imprime dans la conscience de l'homme sa propre loi, puis il permet à une foule d'esprits d'influencer cette conscience par tous les moyens, la suggestion, l'obsession, etc.

Ceci nous rappelle l'histoire d'un individu qui, après avoir quitté son pays natal et s'être absenté si longtemps qu'on le croyait mort, revint au pays où il chercha son coin de terre.

— « Hé bien, lui demandait on, avez-vous trouvé votre propriété ? » — Oui, répondit-il tristement, mais quelqu'un y a bâti dessus. »

Fatalité

(851). Nous trouvons ceci : « dans les épreuves et les tentations morales, l'esprit conservant son libre arbitre est toujours le maître de céder ou de résister. Un esprit mauvais, c'est-à-dire inférieur, en lui montrant, en lui exagérant un péril physique, peut l'ébranler et l'effrayer ; mais la volonté de l'esprit incarné n'en reste pas moins libre de toute entrave. »

— Ce « libre arbitre, cette volonté de l'esprit incarné qui n'en reste pas moins libre » contredit directement la doctrine spirite sur la fascination. Si les esprits sont divisés les uns contre les autres leur royaume peut-il durer ?

(860). « Quant aux actes de la vie morale, ils émanent toujours de l'homme même qui a toujours par conséquent la liberté du choix. » Même si la volonté est paralysée, comment ?

Résumé théorique des mobiles des actions de l'homme

« Le détail des évènements (page 363) est subordonné aux circonstances qu'il (l'homme) provoque lui-même par ses actes. »

Cette assertion est loin d'être universellement vraie. Même pour les hommes libres, il y a dans leur vie bien des évènements qu'ils n'ont ni directement ni indirectement provoqués.

« C'est dans la mort que l'homme est soumis d'une manière absolue à l'inexorable loi de la fatalité ; car il ne peut échapper à l'arrêt qui fixe le terme de son existence. »

Nous savons que *l'homme n'était pas fait pour être soumis à la loi de la fatalité à l'égard de la vie et de la mort et que le corps étant une machine vivante peut fonctionner perpétuellement, que la suprême victoire pour le scientiste et l'occultiste est la victoire sur la mort.*

Si par une fatalité inexorable il y a un arrêt qui fixe le terme de l'existence et le genre de mort, pourquoi les esprits enseignent-ils que des soins convenables peuvent retenir la vie qui autrement s'éteindrait ? La vie et la mort sont elles, oui ou non, assujetties à la *loi inexorable de la fatalité?* Si oui, tous les soins sont superflus, parceque rien ne peut prévaloir contre une loi inexorable ; si non, ce que nous disent les esprits est faux.—Un peu de logique, Esprits supérieurs ?

CHAPITRE XI.— Loi de justice, d'amour et de charité.

(878). « Le sentiment de justice est tellement dans la nature que vous vous révoltez à la pensée d'une injustice. »

— Cela dépend, qui désigne-t-on par ce « vous » ? Si nous considérons les choses non comme elles devraient être, mais comme elles sont, nous constatons que l'injustice est beaucoup plus pratiquée parmi les hommes que la justice. Parmi les nations et les individus, voyez plutôt les traités violés, les annexions et la politique, le parti-pris de soi disant Cours de justice, la tyrannie et le favoritisme partout.

« La justice, disent les Esprits, consiste dans le respect des droits de chacun. » Ce chacun est *soi-même*. Peut-être cette loi naturelle et divine de la justice dans le *passé lointain* était écrite dans la conscience ; mais évidemment elle est *oubliée* et *méconnue*, et le commandement sublime « vouloir pour les autres ce que nous voudrions pour nous-mêmes » a autant d'effet sur nos gouvernants, hommes politiques, juges, marchands et tous les hommes en général que sur un troupeau de loups affamés devant une bergerie. Il y a de nobles exceptions, mais elles confirment la règle.

Droit de propriété

Question (880). Quel est le premier de tous les droits naturels de l'homme ?

Réponse. C'est de vivre.

— Nous le croyons bien. C'est la première des lois, elle a la préséance sur toutes les autres.

Que les psycho-intellectuels laissent aux autres le soin d'élaborer toutes les autres lois et qu'ils travaillent *pour posséder enfin la vie dans son intégralité, c'est-à-dire l'immortalité sur la terre.*

(884). — « Il n'y a de propriété légitime que celle qui a été acquise sans préjudice pour autrui. »

Donc il est aussi difficile de trouver une propriété légitime qu'une perle miniature dans les sables de la mer. Les esprits supérieurs voudraient-ils nous dire dans quelles circonstances la propriété peut être acquise sans préjudice pour autrui ?

(886). A la fin de cette étude qui est une faible réédition du sermon du Christ sur la montagne, nous trouvons la signature de Saint-Vincent de Paul, mais nous doutons de son authenticité. Pendant ce dernier demi-siècle, il y a eu des centaines de Saint-Vincent de Paul qui ont parlé par « divers médiums. » Si ce grand philanthrope a conservé son individualité (ce qui est probable), il se serait communiqué et se communiquerait, en vrai et loyal gentilhomme qu'il était, non aux *divers médiums*, mais aux dames nobles et dévouées appartenant à l'ordre qu'il a fondé, aux sœurs de Saint-Vincent de Paul dont les cornettes sont d'une blancheur immaculée comme leur vie et qui ont toujours été respectées même par les révolutionnaires.

Amour maternel et filial

(891). Les esprits nous disent que si des mères haïssent leur enfants et cela souvent dès leur naissance, c'est quelquefois une *épreuve choisie par l'esprit* de l'enfant ou une expiation s'il a été lui-même une mauvaise mère ou un mauvais fils dans une autre existence.

La vraie cause de cette haine qui est certainement contraire à la loi naturelle ne réside-t-elle pas dans le fait que Dieu a insuffisamment enveloppé le mauvais esprit dans sa *robe d'innocence* et que par là la pauvre mère voit le démon dissimulé dans ses plis ? De plus, les parents dont les enfants leur causent des chagrins sont regardés par les Esprits comme inexcusables, s'ils ne montrent pas à leur endroit autant de tendresse qu'à l'égard de tout autre enfant, parce que « c'est une charge qui leur est confiée et leur mission consiste à faire tous leurs efforts pour les ramener au bien. »

Ce conseil des Esprits est très naturel et *très prévoyant, puisque l'enfant est probablement un mauvais esprit déguisé à qui Dieu a permis de choisir de bons parents dont la tendresse est nécessaire pour son développement.*

CHAPITRE XII. — Perfection morale.- Les vertus et les vices.

(893) « Le sublime de la vertu, nous dit-on, consiste dans le sacrifice de l'intérêt personnel pour le bien de son prochain sans arrière-pensée ; la plus méritoire est celle qui est fondée sur la charité la plus désintéressée. »

Sublime cette vertu du « sacrifice de l'intérêt personnel pour le bien du prochain » très-méritoire « celle qui est fondée sur la charité la plus désintéressée » ; malheureusement *elle est incompatible avec l'organisation sociale du XIX⁰ siècle.* Malheureusement le sacrifice de l'intérêt personnel à notre époque d'égoïsme laisserait bientôt le sacrificateur sans sacrifice à offrir, une fois qu'il serait dénué de tout. Une nation qui pratiquerait cette sublime vertu cesserait bientôt d'être une nation ; de même une société ou une compagnie qui la pratiquerait aurait bientôt vécu. La lutte pour la vie, l'égoïsme et l'ambition injustifiée sont choses si vivaces et universelles parmi les peuples civilisés que l'humanité ressemble à une foule immense et compacte dans laquelle celui qui essaie de s'arrêter ou de revenir sur ses pas est écrasé. Quand la société connaîtra la loi de solidarité, alors, mais alors seulement les personnes de bonne volonté pourront cultiver ces sublimes vertus.

Le temps où l'homme pourra suivre la loi naturelle qui consiste à faire ce qu'il veut n'arrivera jamais, *parce que le succès nécessite l'émulation sans laquelle l'évolution n'est pas possible.* Des maximes sublimes et élevées jetées dans le pêlemêle de l'anarchie actuelle ressemblent à des perles jetées à des pourceaux ; *il faut une force autrement puissante que les forces actuelles pour changer le terrible état de choses qui existe.* La théologie a essayé pendant des siècles d'arrêter le cours des crimes et de la souffrance par l'espoir de récompenses dans un paradis sensuel ou par la crainte de punitions dans un enfer de flammes : elle a manqué complètement son but. Des gouvernements ont fait des lois dans le même but, on a ressuscité de vieilles lois, on en a fabriqué de nouvelles, sans se lasser ; mais ni espoir, ni crainte, ni anathème, ni malédiction, ni punition. ni exil, ni torture, ni châtiment suprême ne peuvent arrêter cette marée montante dont la source est l'égoïsme. Tout est aussi impuissant que l'était la volonté du roi Canut à arrêter le flux de l'Océan.

La pratique du désintéressement et du sacrifice dans une telle société est un véritable suicide, et les personnes qui prêchent aux autres de telles maximes *n'osent pas donner l'exemple elles-mêmes.*

Ces religionistes et moralistes ressemblent à ce prédicateur populaire bien connu, qui, ayant pris pour texte de son sermon, les paroles du sermon sur la montagne « si un homme prend ton habit, donne-lui aussi ton manteau » fut abordé par le sacristain qui lui remit un papier où était écrit : « quelqu'un a volé votre manteau que vous avez laissé dans la sacristie » le prédicateur écrivit sur l'autre côté du papier : « allez au commissariat le plus proche pour qu'on arrête le voleur, si c'est possible ; » — puis continua son sermon en répétant : « si un homme prend ton habit, donne-lui aussi ton manteau. »

Des passions ; de l'égoïsme

(915). L'enseignement qui est donné ici est assez suggestif : « Il est certain que l'égoïsme est votre plus grand mal, mais il tient à l'infériorité des esprits incarnés sur la terre et *non à l'humanité elle-même.* »

La doctrine spirite enseigne que l'humanité se compose des âmes incarnées ; d'après ce qui précède *l'incarnation n'est pas générale*, puisque l'égoïsme n'est pas le fait de l'humanité, mais des esprits qui s'incarnent individuellement. La vraie humanité ne se compose donc pas d'esprits incarnés. Très bien.

Puisque l'égoïsme et autres maux semblables ne sont le fruit que des Esprits incarnés, ne serait-ce pas un bien pour l'humanité d'adresser cette priè re au Divin formateur : « *Libérez-nous de tout Esprit incarné et permettez-nous d'être nous-mêmes pour que nous puissions être libres et chercher la Vérité. Ainsi serons-nous délivrés de ce terrible égoïsme qui est un obstacle à tout progrès* ».

Nous ne comprenons pas cette confusion dans l'enseignement des Esprits ; mais que voulez-vous ? Ne sommes-nous pas des hommes dans une enveloppe charnelle, n'avons-nous pas nos préjugés, notre intelligence, nos idées et notre langage si borné qui nous empêchent peut-être de comprendre l'enseignement des Esprits supérieurs ? O Esprits éclaireurs ! O nos dieux ! Daignez dans votre bonté donner des explications à vos serviteurs qui ne sont que de bêtes !

(917). Les Esprits supérieurs cherchent la cause de l'égoïsme et ils la trouvent dans l'influence de la matière dont « l'homme *encore trop voisin de son origine* ne peut s'affranchir ».

Mais l'origine de l'homme, qu'elle soit d'Elohim ou d'Archibiosis, est l'intelligence de l'intelligence ; comment alors l'égoïsme, le plus grand mal, le vice le plus pernicieux, peut-il être attribué au *voisinage de son origine*, alors surtout que les Esprits supérieurs déclarent plus loin que l'égoïsme s'affaiblira *avec l'intelligence !*

Dans le même paragraphe, on lit : « Les principes de la charité et de la fraternité sont la base des institutions sociales, des rapports loyaux de peuple à peuple et d'homme à homme, et l'homme songera moins à sa personne, quand il verra que d'autres y ont songé ; il subira l'influence moralisatrice de l'exemple et du contact... C'est surtout à ceux qui possèdent cette vertu, l'abnégation, que le royaume des cieux est ouvert ».

Un royaume dans les cieux, *voilà l'essentiel ; car les pionniers de ce mouvement se trouveraient bientôt non seulement sans royaume, mais encore sans aucune place pour reposer leur tête ici-bas.*

Au bas de cette étude sur l'égoïsme (pour lequel aucun remède pratique n'est indiqué) se trouve le nom de *Fénelon*. Le savant évêque s'était désincarné depuis environ un siècle et demi quand il daigna donner à l'homme son avis sur l'égoïsme, et durant tout ce temps, personne n'osera douter qu'il n'ait eu pour compagnons et amis des Esprits extra-supérieurs, l'élite du monde spirite. Si, dans ces conditions, il n'a pas pu trouver un remède efficace ou original pour ce mal terrible, comment pouvons-nous, pauvres mortels, espérer le découvrir ? Tout ceci est bien décourageant. Peut-être, puisque la matière paraît être la bête noire des Esprits qui sont nos dieux, quelque puissance, quelque dieu ou quelques dieux détruisant un jour (comme à l'époque du déluge) tout enveloppement charnel, purifieront l'intelligence, la revitaliseront et réformeront la matérialité. Qui sait ? Seulement les dieux feront bien dans ce cas de ne pas laisser construire une arche par un Noé quelconque parce qu'il appartient à une mauvaise race où sont enracinés l'amour et la conservation de soi.

Connaissance de soi-même

Quand l'homme psycho-intellectuel se connaîtra et connaîtra ses capacités et son pouvoir de développement, le règne *des dieux* sera à jamais fini. Un sage de l'antiquité nous le dit : « Connais-toi toi-même ». Mais il y a un autre conseil encore plus essentiel : « Sois toi-même ».

(919). Les Esprits continuent : « Je sais que beaucoup disent que le présent est positif et l'avenir incertain ; or, *voilà précisément la pensée que nous sommes chargés de détruire en vous.* C'est pourquoi nous avons d'abord appelé votre attention sur les phénomènes de nature à frapper vos sens, puis nous vous donnons des instructions que chacun de vous est chargé de répandre. C'est dans ce but que nous avons dicté le *Livre des Esprits* ». Signé : *St-Augustin.*

Certainement, voilà bien le but de toutes les manifestations et de tous les phénomènes, depuis les coups frappés jusqu'aux matérialisations, depuis les communications par la lettre de l'alphabet jusqu'à la possession des organes des médiums. Tout est organisé dans un seul but, celui de convaincre l'homme que le corps est temporaire, une enveloppe charnelle, une prison dont les Esprits doivent désirer s'échapper.

Les cultes antérieurs donnaient l'espoir qu'à un temps plus ou moins éloigné le mortel deviendrait immortel et ils enseignaient la doctrine de la résurrection du corps. *La doctrine spirite enseigne que la perte finale de la matérialité est nécessaire pour la perfection.* Les cultes enseignaient que, par le fait de la résurrection du corps, la séparation des êtres aimés qui subissaient la transition avant nous n'était pas définitive, et que ceux qui s'aimaient se réuniraient un jour dans l'immortalité sur lla terre. La doctrine spirite n'offre aucun espoir de réunion avant que l'état de l'Esprit pur soit atteint par tous les êtres éthérés et sans sexe entre lesquels *il n'y a aucune démarcation.* Puis, après avoir privé l'homme de tout espoir de serrer la main, d'entendre la voix d'un être aimé, avec lequel il a travaillé et souffert, cette doctrine instaure l'évocation des morts et la communication avec eux. Or, nous constatons que cette communication est *absolument impossible ;* parce que : 1° la conservation de l'individualité après la perte du corps n'est pas universelle ; 2° dans les cas où l'individualité a pu se conserver, personne, à l'exception des occultistes de premier ordre, ne possède *la connaissance, ni la puissance nécessaires pour fournir aux évoqués le moyen de répondre à l'appel de l'évocateur* (1).

_____

(1) Il est entendu que ces remarques ne s'appliquent pas nécessairement à la doctrine catholique de la «Com-

Ce que nous disons, *nous le savons*. On est libre de l'accepter ou de le rejeter. Mais nous accomplissons un devoir, comme c'est le devoir de tout homme psycho-intellectuel de raviver sur la terre l'étincelle presque éteinte de la vérité, toutes les fois qu'il en a l'occasion. Quant au reste, il n'est pas responsable.

Les hommes sont libres de suivre les cultes de la poussière et de la mort, s'ils le préfèrent. A ceux qui préfèrent l'imperfection de l'être à sa perfection, la mort à la vie, il serait impertinent autant que superflu de dire : « Tu ne mourras pas ». Pourquoi ne mourrait-on pas si l'on en a l'envie ? Et pourquoi ne dormirait-on pas avec ses aïeux avec qui on désire être enterré, laissant quelque autre régner à sa place, selon l'usage consacré par le temps et l'habitude ?

Ceux qui préfèrent cette dernière manière n'ont, pour atteindre leur but facilement, qu'à embrasser la doctrine spirite.

Ainsi, pendant que les spirites, *ces gens simples, bons et dévoués*, évoquent les Esprits *qui sont trop heureux de répondre à toute espèce d'évocateurs humains*, pendant qu'ils chantent et qu'ils prient, en s'imaginant causer avec leurs pères, grands-pères, frères, enfants, cousins, amis, ou avec des personnages célèbres, *ad libitum*, les Esprits gagnent en puissance, et graduellement, insidieusement ou brusquement et par violence, ils s'approprient, selon leurs pouvoirs, non seulement le corps des sensitifs, *dans ses trois degrés d'être*, mais encore *l'état du corps nerveux intermédiaire entre l'âme et le corps*.

Mais, dira-t-on, n'y a-t-il pas des preuves de la réalité des communications avec les morts, puisque les évoqués *révèlent quelquefois des évènements ou des faits connus d'eux seuls et de nul autre ?*

Nous répondons à cette prétendue preuve, en apparence convaincante : comment de telles révélations prouvent-elles l'identité de l'être qui se déclare être tel ou tel, quand les *Esprits supérieurs constatent eux-mêmes* que les « Esprits *peuvent voir tout ce que nous faisons, puisque nous en sommes sans cesse entourés, que souvent ils connaissent ce que nous voudrions nous cacher, que ni actes, ni pensées ne peuvent leur être dissimulés; — les Esprits sont partout, il y en a sans cesse à nos côtés, qui nous observent et agissent sur nous* (87) ».

munion des Saints », parce que l'Eglise catholique est hiérarchisée et que sa hiérarchie a pu et peut comprendre dans son sein des occultistes ayant le pouvoir d'établir et de continuer la communication avec des individualités particulières qui se sont distinguées sur la terre et de les mettre en rapport avec les fidèles. Mais l'Eglise se garde bien de vulgariser ces pouvoirs essentiellement hiérarchiques et occultes. Faire autrement serait provoquer l'anarchie spirituelle et psychique qui est le plus terrible des fléaux.

Pour les croyants et adeptes spirites, *quelle autre clef est nécessaire pour pénétrer un mystère apparent ?* Si un homme secrètement et invisiblement surveille les actes d'un autre qui se croit à l'abri de toute surveillance et après la mort de ce dernier révèle ce qu'il a vu, où est le mystère ? Les Esprits n'agissent pas autrement.

Pour les libres chercheurs psychiques, la rareté de ces cas porte un fort témoignage contre l'assertion des Esprits au sujet de leur pouvoir d'espionnage, parce que, si leur connaissance des actes des hommes était telle qu'ils le disent cette manière de prouver l'identité serait adoptée parce qu'il est de l'intérêt des esprits de donner ces preuves, si c'est possible, afin d'accroître leur puissance sur les hommes intelligents qui, pour le moment, restent indifférents ou cherchent le moyen de surveiller et subjuguer les Esprits, comme ces mêmes Esprits essaient de faire sur les hommes.

LIVRE IV

Espérances et Consolations

Chapitre I. — Peines et jouissances terrestres, et Chapitre II. — Peines et jouissances futures.

Nous trouvons ici la vieille histoire connue *de l'avantage qu'il y a à quitter la terre qui a été donnée aux enfants de l'homme pour aller aux cieux qui appartiennent au Seigneur et qui, par conséquent, n'appartiennent pas à l'homme.*

Que ceux qui se plaisent à échanger leurs biens terrestres pour des « châteaux au ciel » fassent à leur guise; mais il y a des personnes qui ont adopté ce proverbe : « Un oiseau dans la main en vaut deux dans la broussaille ». L'anathème d'un Esprit aussi sérieux que Saint-Louis mérite l'attention : « Malheur à ceux qui ferment les yeux à la lumière ? » Pourquoi cet anathème ? Pourquoi l'anathème contre celui qui préfère l'obscurité à la lumière, le sommeil provoqué par la morphine de la foi à la lutte active et salutaire pour la raison et vérité, à l'endurance et à la souffrence qui en résultent ? C'est l'affaire de chacun, *tant que sa somnolence ne met en danger que lui-même.*

A l'égard du spiritisme, il n'en est plus ainsi. Voici un conte de jadis.

Un troupeau de moutons fut enfermé dans l'étable par un berger. La nuit n'était pas encore écoulée, quand un léger bruit se fit entendre au dehors. Un mouton inquiet demanda: « qui est là; qui fait ce bruit à une pareille heure ? » — « Je suis l'agneau gâté de votre berger, répondit une voix dans le langage des moutons, et il m'a envoyé pour vous dire que l'heure approche où vous paîtrez dans de verts pâturages; ouvrez la porte et laissez-moi entrer. » Le mouton s'empressa d'ouvrir la porte et aussitôt les loups entrèrent et dévorèrent le troupeau, car celui qui avait parlé était un loup dans la peau d'un agneau.

CHAPITRE VIII. — Conclusions du Livre des Esprits.

« Les Esprits, disent certaines personnes, nous enseignent-ils une morale nouvelle, quelque chose de supérieur à ce qu'a enseigné le Christ?

— « Si cette morale n'est autre que celle de l'Evangile, à quoi bon le spiritisme ? »

Ces réflexions nous rappellent une petite histoire russe.

Il y avait autrefois un pauvre homme qui ne trouvait pas de travail dans son pays. Il se munit d'un peu de pain et de quelques oignons et partit pour un pays inconnu. Le soir venu, fatigué et affamé, il s'arrêta près d'un château d'où sortaient de bonnes odeurs de cuisine. Il s'assit afin de s'en régaler. Après un moment, il se dit : cette cuisine manque de quelque chose assurément, c'est le goût des oignons qu'on ne trouve pas. — Il se leva et mit sa tête à la fenêtre du château. Il vit le cuisinier et lui présentant ses oignons : coupez, lui dit-il, ces oignons en tranches et faites-les frire avec votre bifteck, vous aurez un plat digne d'un roi. — Le cuisinier prit les oignons et donna au voyageur en échange un gros morceau de pain et de la viande. Lorsque le plat fut servi, le serviteur du grand seigneur appela à toute hâte le cuisinier ; celui-ci, anxieux à l'égard du succès de son nouveau plat, trouva son maître émerveillé : « où avez-vous appris, lui demanda-t-il, le secret d'un met aussi délicieux? Jamais je n'ai mangé rien de semblable. » Le cuisinier raconta l'histoire du pauvre homme. « Amenez-le moi à l'instant pour que je sache où me procurer de ces oignons. Il n'est pas étonnant que les Egyptiens les aient considérés comme sacrés. »

Le voyageur fut mis en présence du prince gourmand, et après lui avoir promis de lui fournir des oignons à discrétion, il reçut en récompense des terres et toutes sortes de biens.

Notre homme, heureux comme on pense, revint dans son pays où il raconta son aventure.

Quelque temps après, un homme du même village, qui, lui aussi, manquait de travail, se rappela cette histoire. Il garnit ses poches d'ail et se présenta devant le château. Il alla droit à la fenêtre de la cuisine et parla au cuisinier : « un pauvre voyageur vous apportait, il y a quelque temps, des oignons ; moi je vous apporte quelque chose de beaucoup plus savoureux. » Et il tendit ses ails.

Le Seigneur goûta le nouveau mets et en fut ravi. Il fit appeler l'homme et lui dit · « donne-moi une provision d'ails et je te récompenserai largement. » Notre homme content et rêvant déjà de sa grandeur future, satisfit le châtelain. Celui-ci, s'adressant à ses serviteurs : « avant l'arrivée de ce pauvre homme, dit-il, rien ne me plaisait tant que l'oignon. Donnez-lui donc cinquante sacs d'oignons et des plus beaux pour sa récompense. »

Le pauvre diable s'en retourna honteux et triste dans son village. — « Qu'y a-t-il, lui demanda-t-on ; le Seigneur ne vous a-t-il pas récompensé ? » — « Hélas, hélas! répondit-il, j'ai reçu des oignons en échange de mes ails. »

Le temps des nouveaux cultes est passé. L'homme s'est épuisé à force de lavements purgatifs et narcotiques spirituels. Il veut comprendre, savoir. L'ère de l'intelligence commence. L'humanité intellectuelle ne se contentera pas d'échanger de l'ail pour des oignons.

Rien n'est plus triste que le spectacle de la pauvre humanité croyante. Il n'y a pas de tâche plus difficile que de guérir cette maladie : la croyance. Mais personne n'a le droit de blâmer son semblable à cause de sa foi et de ses croyances, résultat de l'hérédité et du milieu.

Disons seulement que l'homme psycho-intellectuel, à cause de son origine, trouve en lui-même tout ce qui lui est nécessaire par son développement et qu'adorer d'autres dieux que son Divin Formateur c'est rétrograder. C'est par la reconnaissance de cette vérité, l'unité d'origine, c'est par la connaissance pratique et le développement des attributs qui sont nôtres par voie héréditaire, que nous pouvons fonder et étendre cette solidarité qui nous assurera la victoire sur tout ce qui s'oppose au progrès, à l'intelligence et à la victoire sur le plus grand des ennemis : la mort.

Ce qui nous a incité à analyser le *Livre des Esprits* et la doctrine spirite, c'est la publication du « Programme-circulaire » de la section spirite pour le Congrès de 1900, programme qui démontre que les Spirites ne se contentent pas de la position dans laquelle ils se sont placés eux-mêmes à l'égard des êtres invisibles de la nature, contre lesquels ils ne peuvent se protéger, mais s'empressent de faire de nouveaux prosélytes. Nous avons pensé bien faire en montrant au croyant bénévole et de bonne volonté le danger auquel s'exposent les adeptes de la doctrine spirite.

Rappelons le programme spirite: « le Comité de propagande, se renfermant dans ses attributions nettement définies, n'a à s'occuper, lui, que du programme purement spirite, de la direction de la section spirite du Congrès. Il pense que le Congrès de 1900 doit marquer un pas en avant sur ses devanciers. Dans notre siècle de rapides progrès, qui n'avance pas recule. La doctrine spirite, telle qu'Allan Kardec l'a formulée, est l'expression la plus complète de nos connaissances sur le monde invisible. Depuis trente années qu'elle est soumise au contrôle universel, *pas un de ses points fondamentaux n'a été atteint. L'édifice reste aussi inébranlable qu'au jour de son édification.* Le Comité croit devoir adopter ces vues générales, non parce que c'est Allan Kardec qui les a exposées, non comme un *credo* immuable, mais *parce qu'elles répondent actuellement à toutes les aspirations de la conscience, aux exigences de la raison et qu'elles sont éminemment scientifiques et progressives.* »

Les lecteurs intellectuels qui nous ont suivi dans l'analyse du *Livre des Esprits* écrit à l'aide de « divers médiums », recueilli et mis en ordre par Allan Kardec, ont pu juger par eux-mêmes de la valeur des assertions contenues dans le programme spirite, en répondant eux-mêmes aux questions suivantes:

1° Les points fondamentaux de la doctrine spirite ont-ils été atteints?

2° L'édifice dont les Esprits supérieurs ont « posé les bases » reste-t-il inébranlable?

3° La doctrine spirite répond-elle actuellement à toutes les aspirations de la conscience?

4° La doctrine spirite répond-elle à toutes les exigences de la raison?

5° La doctrine spirite est-elle éminemment scientifique?

6° La doctrine spirite est-elle éminemment progressive?

Conclusion

— Tout équilibre psychique et intellectuel dépend de l'ordre dans les états physiques et psycho-neurologiques.

— Toute perfection dépend du bien-être physique.

— Il ne peut y avoir d'évolution que dans l'état physique.

— Toute communication avec les êtres de moindre densité dans leurs états et degrés variés dépend du développement mental de l'être humain qui se met en rapport avec ces êtres de moindre densité.

Donc tout progrès mental et psychique dépend de l'homme seulement. Dans notre degré de matérialité, toute évolution est effectuée par l'intelligence de l'homme seulement.

L'intelligence donc qui est seule digne d'adoration, donne l'impulsion à tout ce qui existe, et l'homme étant le représentant de l'Intelligence universelle dans son état matériel, il s'ensuit que sa place est sur la terre et qu'à mesure qu'il se développe lui-même, toute chose à un degré inférieur se développe avec lui, car c'est le droit naturel de l'homme psycho-intellectuel de triompher de toutes les difficultés et de tout développer en se développant lui-même.

L'homme étant une partie de l'Intelligence éternelle est en ordre par nécessité, et par son origine même immortel, parce que son origine est immortelle.

Il s'ensuit encore que l'homme est supérieur en intelligence aux êtres de moindre densité avec lesquels il se trouve en contact. Car ces êtres ne peuvent pénétrer dans les organes des sens de l'homme qu'à l'aide de l'homme qui leur donne tout ce qu'il faut pour leur manifestation, c'est-à-dire l'intelligence, la vitalité et la matérialité.

Considérant que, dans la vie sociale, l'homme est responsable de ses actes, considérant que, si par malheur il commet une mauvaise action, ce n'est pas l'Esprit qui est emprisonné, condamné à l'amende ou à d'autres peines, mais bien le corps, il suit de là qu'il est nécessaire, pour sa sûreté et son bien-être, que l'homme dépende de lui seul et non des influences extérieures.

Homme, SOIS TOI-MÊME!

MAX THÉON.

Paris. — Impr. A. MALVERGE, 171, rue Saint-Denis.